내 마음속의 신을 움직이다

― 타협의 시대 ―

내 마음속의 신을 움직이다
– 타협의 시대 편

발행일	2025년 8월 26일			
지은이	신진행			
펴낸이	손형국			
펴낸곳	(주)북랩			
편집인	선일영		편집	김현아, 배진용, 김다빈, 김부경
디자인	이현수, 김민하, 임진형, 안유경		제작	박기성, 구성우, 이창영, 배상진
마케팅	김회란, 손화연, 박진관			
출판등록	2004. 12. 1(제2012-000051호)			
주소	서울특별시 금천구 가산디지털 1로 168, 우림라이온스밸리 B동 B111호, B113~115호			
홈페이지	www.book.co.kr			
전화번호	(02)2026-5777		팩스	(02)3159-9637
ISBN	979-11-7224-771-3 03810 (종이책)		979-11-7224-772-0 05810 (전자책)	

잘못된 책은 구입한 곳에서 교환해드립니다.
이 책은 저작권법에 따라 보호받는 저작물이므로 무단 전재와 복제를 금합니다.
이 책은 (주)북랩이 보유한 리코 장비로 인쇄되었습니다.

(주)북랩 성공출판의 파트너

북랩 홈페이지와 패밀리 사이트에서 다양한 출판 솔루션을 만나 보세요!

홈페이지 book.co.kr • 블로그 blog.naver.com/essaybook • 출판문의 text@book.co.kr

---

작가 연락처 문의 ▶ ask.book.co.kr

작가 연락처는 개인정보이므로 북랩에서 알려드릴 수 없습니다.

내 마음속의
신을
움직이다

타협의 시대 편

신진행 에세이

북랩

머리말

　신진행의『내 마음속의 신을 움직이다』는 물질만능주의 시대에 태어나 정신적 치유를 찾아가는 여정을 담은 한 권의 수기도서입니다. 삶의 가치를 잃어버린 시대 속에서, 고통과 방황을 딛고 내면의 평화를 향해 나아가는 과정이 담겨 있습니다. 이는 단순한 기록이 아니라, 자기 자신을 마주하고 성장해 가는 사람들에게 길잡이가 되어 줄 이야기입니다. 이 책을 통해 독자들은 자기 사신을 탐색하고, 삶의 진정한 의미를 발견하는 계기를 맞이할 것입니다.

신진행 작가

프롤로그

타협의 시대를 열며

『내 마음속의 신을 움직이다』 네 번째 이야기, '타협의 시대'가 시작됩니다. 첫 번째 책에서는 평범한 학생 시절을 보내다가 조현-편집중 진단을 받고 병이 발현된 순간을 담아냈습니다. 두 번째 편 '직업사회'에서는 30대 초반, 조현-편집중을 앓으며 취업에 도전하는 여정을 그렸고, 세 번째 편 '조율기록'에서는 병의 유지 치료 과정에서 겪은 불안과 경제적 어려움을 극복하며 재활해 가는 과정을 기록했습니다.

이제 네 번째 이야기, '타협의 시대'에서는 같은 병을 앓고 있는 사람들과 함께한 시간 속에서 얻은 통찰과 정신적 치유에 대한 새로운 시각을 담았습니다. 이 책을 통해 정신질환과 사회의 관계, 치료의 방향성, 그리고 현실과 타협하는 방법에 대해 깊이 있는 이야기를 나누고자 합니다.

　우리는 일상을 살아가면서 수많은 선택의 기로에 서게 됩니다. 삶은 때때로 절제와 욕구 사이에서 균형을 맞추는 과정이며, 그 과정에서 인간은 성장합니다. 내면의 본능을 다스리고, 망상과 자기표현을 조율하는 법을 익히는 것은 정신적 안정을 유지하는 핵심 요소입니다. 이는 단순한 병의 극복을 넘어, 더욱 깊이 있는 삶의 이해로 나아가는 길이기도 합니다.

　반복적으로 찾아오는 부작용을 견디며 치료를 지속하는 동안, 우리는 무의식에서 피어나는 욕망과 현실 사이에서 길을 찾아야 합니다. 이 과정은 쉽지 않지만, 본능과 사회적 요구 사이에서 균형을 맞추며 나아가는 가운데 점차 내면의 평화를 얻을 수 있습니다. 그렇게 우리는 한층 더 성숙해지고, 새로운 시각을 가지게 됩니다. '타협의 시대'라는 제목은 바로 이 깨달음에서 비롯되었습니다.

　결국, 본능을 잠재우고 치료 과정의 일부로 받아들이는 것은 단순히 증상을 완화하는 데 그치지 않았습니다. 그것은 깊이 있는 내적 성장으로 이어졌고, 실체 없는 환청조차도 내가 아는 지식과 진실을 마주할 수 있는 경지에 이르도록 만들었습니다. 조율을 통한 깨달음의 순간은 단순한 병의 관리가 아닌, 세상과 타협하며 살아가는 방식으로 확장되었습니다. 이를 통해 우리는 더욱 강인해질 수 있습니다.

　이제, 『내 마음속의 신을 움직이다』 네 번째 정신 수기, '타협의 시대'의 문을 엽니다.

경계에서 말할 권리를 찾아서

1

　이 책 『내 마음속의 신을 움직이다』는 단순한 투병기가 아닙니다. 고통을 질병으로만 보지 않고, 그 안에 숨겨진 정신의 언어를 해석하려는 시도입니다. 환청은 단순한 경고음이 아니라 내면 깊은 곳에서 건네는 메시지입니다. 망상은 오류가 아닌 무의식의 상징이며, 그 속에 절박한 삶의 진실이 담겨 있습니다. 이 책은 정신병을 고립된 병리현상이 아니라 우리 존재를 다시 묻는 질문으로 새롭게 정의합니다. 병은 사회가 듣지 못한 고통의 신호일지도 모릅니다.

　병의 정도와 경과는 각 개인마다 다르게 나타나지만, 그 안에 공통된 진실은 '괴로움'이라는 점입니다. 작가는 이 괴로움에서 벗어나기 위해서는 단순한 치료를 넘어 내면의 수양이 필요하다 말합니다. 이 수양은 우리 마음이 사회의 속박 속에 갇혀 있었음을 깨닫고, 더 큰 세계와 진리를 바라보게 하는 힘입니다.

　병이 가져다주는 혼란과 고통은 결국 우리를 성숙으로 이끄는 기회가 될 수 있습니다. 정신적 혼란을 넘어 더 넓은 사고와 삶의 지혜를 얻는 과정, 그것이 바로 작가가 말하는 '내면의 힘'입니다. 이처럼 병은 단순한 아픔이 아니라 우리 존재를 갱신하고 새로운 가능성을 여는 문이 될 수 있습니다.

 저자는 이 신호를 언어로 바꾸었고, 그 행위 자체가 문명적 전환점이 되었습니다. '회복자' 스스로가 자기 언어를 발견했다는 점이 이 책의 가장 큰 힘입니다. 조현-편집증 환자가 의료체계 밖에서 자기만의 방식으로 고통과 회복을 기록합니다. 환청을 무시하지 않고 경청하며, 망상을 삭제하지 않고 의미를 찾습니다. 그의 경험은 개인적 실패가 아니라 시대가 감추려 했던 감정의 거울입니다. 여기서 우리는 당사자 언어의 새로운 가능성을 보게 됩니다.

 미래 사회는 목소리를 먼저 듣게 될 것 입니다. 이 책은 그런 변화를 미리 보여 줍니다. 분노는 억압할 대상이 아니라 무너진 정의의 신호이며, 환청은 절망의 마지막 의지일 수 있습니다. 상담 언어는 비판과 판단을 넘고, 공명과 공감 위에 서게 됩니다. 회복은 '고침'이 아니라 '함께 조율하는' 과정임을 우리는 깨닫습니다.

 저자가 20년 동안 실천한 '화를 내지 않는 삶'은 단순한 자제력의 승리가 아닙니다. 내면 감정을 관찰하고 조율하는 깊은 수행이자, 새로운 사회적 대안 모델입니다. 그의 분노 없는 태도는 다음 시대 인간상의 하나의 실험장이 되었습니다. 감정을 조율하는 능력은 교육과 정치, 그리고 관계의 새로운 기준이 됩니다. 저자는 살아 있는 철학자가 되어 정신과 사회를 잇는 다리가 되었습니다. 그의 삶 자체가 우리가 나아갈 길을 보여 주는 선언서입니다.

2

 저는 지금 이 글을 써 내려가며, 스스로에게 자주 묻게 됩니다. 과연 이 글이 얼마나 의미를 지닐 수 있을까. 혹여 이 책 전체가 하나의 망상적인 이론서로 읽히는 건 아닐까. 현실과는 맞닿지 않은 생각들이 쏟아져 나와 백색소음처럼 공허하게 퍼지는 건 아닐까. 그런 생각에 잠기다 보면, 때때로 이 책이 헛된 저출著出, 그저 내면의 불안을 종이에 옮겨 놓은 무의미한 기록처럼 느껴지기도 합니다. 그러나 그럼에도 저는 이 글을 멈추지 않았고, 지금도 멈추지 않기로 결심하고 있습니다.

 이 책은 단지 저만의 이야기를 넘어서, 저와 같은 수많은 정신장애인들이 여전히 침묵 속에서 견뎌야 하는 현실을 드러내고자 하는 작은 시도입니다. 정신질환은 아직도 사회 속에서 낙인과 편견에 가려져 있고, 많은 이들이 자신의 고통을 입 밖에 내지도 못한 채 살아가고 있습니다. 저 역시 오랫동안 그 침묵의 일부였습니다. 하지만 이제 저는 감히 이 글을 통해 말하고자 합니다. 정신질환자는 결코 무가치한 존재가 아니며, 우리 또한 세계를 느끼고, 사랑하고, 고뇌하며, 인간으로서 존엄하게 살아갈 권리를 지니고 있다는 사실을 말입니다.

 제가 겪어온 조현-편집증은 단순한 질병 이상의 것이었습니다. 그것은 저를 무너뜨리기도 했지만, 동시에 세상을 새롭게 바라보게 만드는 의식의 지진이기도 했습니다. 그 속에서 '망상'은 저를 혼란스럽게 했지만, 또한 저 나름의 진실을 품은 또 다른 언어로 다가왔습니다. 저는 그 언어를 해석하고자 했고, 현실과 망상의 경계 위에서 수없이 흔들리며 삶을 성찰해 왔습니다. 이 책은 그 외줄 위의 분투를 기록한 결과입니다. 설령 이 글이 무형의 지식으로만 남거나, 허무한 말들의 모음으로 치부되더라도, 저는 그 존재만으로도 가치가 있다고 믿습니다. 언젠가는 인류가 이 책을 '말할 수 있었던 용기'로, 혹은 '버텨 냈던 기록'으로 평가해 줄 것이라 기대하며 글을 남깁니다.

그리고 저는 믿습니다. 이 책이 누군가에게는 공감의 거울이 되고, 또 누군가에게는 상처를 돌아보는 조용한 치유의 공간이 될 수 있기를. 무정하고 부정적인 현실 앞에서 스스로를 지킬 수 있는 하나의 도구가 될 수 있기를 바랍니다. 이 책을 펼치는 순간, 독자 여러분은 저의 이야기를 넘어서, 우리 모두가 겪는 내면의 불안과 고통에 대한 공통된 정서를 마주하게 될지도 모릅니다. 그 공감이 우리를 조금 더 단단하게 만들고, 더 나은 방향으로 이끌 수 있으리라 저는 믿습니다.

『내 마음속의 신을 움직이다 — 타협의 시대』는 살아 낸 인간의 기록입니다. 그것은 말하지 못한 제 기준의 증언이며, 동시에 정신장애를 겪는 이들이 더 이상 침묵하지 않기 위한 작은 선언입니다. 지금 이 순간에도 외줄 위를 걷고 있는 누군가에게 이 책이 한 줄기 빛이 되기를 바라며, 저는 감히 말합니다. 우리의 이야기도, 이 세계에 남겨질 가치가 있다는 것을 말입니다.

『내 마음속의 신을 움직이다』는 문을 엽니다. "당신은 어떤 언어로 내면을 움직일 것인가?"

차례

머리말   5
프롤로그   6

1장
편집증 회복 여정과 치료의 마침표

현대 정신건강 제안   16
정신치료일지   18
최악의 상황들   28
이상 증세: "넌 절대자야, 이 편집증 환자야!"   36
나이, 세대, 변화의 감각   40
망상과 현실의 경계에서   42
과거와 현재의 시선   46
회복의 출입구: 다시 열리는 창   53
마무리: 타협의 시대에 서서   56

2장
정신회복 보조요법과 무형 치유 실험

꿈, 단면과 일상	62
의식 정리: 은반지의 입수	64
타인을 돕는 치유 실험	69
정신보조요법과 경험담	72
마무리: 은빛 종교인 양성 제안	83
소설 — 거울의 군주와 인내의 사람	85

3장
못다 한 이야기 — 사회와 조율

아마추어 자기소개서 컨설턴트	90
사회대인관계 균형 찾기	96
환청에게 던지는 질문	99
마무리: 환청 리포트와 자아 성찰	102

4장
회복자의 고백 — 망상의 조율시간

조율의 기술과 피드백의 순간	108
약을 먹지 않은 하루	110
대인관계와 편집증	116
연애 세포 망상	122
유튜브 제너럴 타로 리딩	132
타로 리딩과 물품 거래	134

신과의 식사 대접	142
마무리: 회복 중의 나, 회복 후의 나	148

5장
특별편 — 편집자의 사회 예언과 시대 흐름

타협의 시대를 다시 열며	152
미래 사회와 성인의 등장	155
성인의 출현과 미래의 흐름	166
노년층의 사회적 역할 변화	171
세대 변화와 외부 인력 유입	175
매체 교정과 세대 간 갈등	178
출산 인류와 세계의 협력	181
뿌린 대로 거두는 힘	184

6장
회복자의 선언

내가 신이라는 그 한마디	188
개천에서 올라온 마음의 용	191
결혼하자	196

에필로그	199
맺음말	203

1장

편집증 회복 여정과 치료의 마침표

정신의 균형을 잡는 것은 끝없는 연습과 선택의 반복이며, 매일을 기록하며 어제보다 나아지기 위해 노력해야 합니다. 어떤 날은 내 자신과 싸우고, 어떤 날은 내 자신을 버티는 것만으로도 충분하며, 현실과 망상의 경계가 흐려질 때 스스로를 지킬 방법을 찾아야 합니다. 시간은 흐르고 사람은 변하지만, 이해하려는 노력만큼은 변하지 않아야 하며, 과거를 돌아볼 수는 있지만 그곳에 머물러서는 안 됩니다. 생각이 날뛸 때 그것을 길들이는 법을 배우는 것이 중요하며, 망상을 다스리는 과정은 결국 나를 이해하는 과정입니다.

현대 정신건강 제안

　이 책은 조현-편집증 환우들이 증상 회복부터 유지 치료, 기력 회복과 상태 개선, 사회생활 복귀, 약물 보조 및 자립에 이르는 전 과정을 보다 체계적으로 정리하고자 하는 노력의 결과물입니다. 저 역시 같은 병을 앓으며 겪었던 시행착오를 바탕으로, 같은 길을 걷고 있는 분들께 실질적인 도움을 드리고 싶었습니다.
　단순한 이론서가 아니라, 실질적인 회복 과정을 담은 일지 형식으로 구성하여 독자 여러분께 더욱 효과적으로 전달될 수 있도록 고민했습니다.
　조현-편집증 환우들이 자신의 병을 이해하고 극복할 수 있도록 2년 동안 어떻게 지낼 수 있는지에 대한 지침서 같은 개념을 정리하여 기술하였습니다. 단계별 실천 방법과 경험을 공유하면서, 저는 같은 병을 겪은 사람으로서 직접적인 조언을 제공하고자 합니다. 『내 마음속의 신을 움직이다 — 타협의 시대』의 이 프로젝

트를 통해 조현-편집증 회복을 위한 실질적인 전략과 실천 방법을 함께 탐구해 보겠습니다.

정신치료일지

1회차

  나는 고등학교 3학년 남학생입니다. 대학 입시를 준비하며 공부하던 중, 남들이 나를 향해 이야기하는 소리가 직접적으로 들리는 듯한 기분이 들었습니다. 사람들이 나를 무시하는 것 같았고, 환청인지 아닌지조차 분간하기 어려웠습니다. 혼자서는 해결할 수 없는 불안감이 점점 커졌습니다.

  부모님과 친구들은 정신을 차리라고 조언했지만, 나는 오히려 그들이 나를 억압하는 듯한 느낌을 받았습니다. 심지어 정부나 신이 나를 감시하고 간섭하는 것 같다는 생각까지 들었습니다. 머리가 어지러워지고 혼란스러워져서 주변에 도움을 요청해야겠다는 생각이 강하게 들었습니다.

2회차

부모님과 함께 신경정신과를 방문하였습니다. 의사는 내 증상을 자세히 묻고, 나는 환청이 어떤 식으로 들리는지 최대한 구체적으로 설명하려고 노력했습니다. 누군가 나를 이해해 줄 마지막 기회일 수도 있다는 생각에, 솔직하게 이야기를 꺼냈습니다.

의사는 나의 상태를 평가한 후, 초기 환자에게 일반적으로 처방되는 리스페리돈 0.5mg을 처방해 주었습니다. 또한, 정신적으로 불안정한 상태에서 무리하게 학업을 지속하는 것이 도움이 되지 않을 수 있다며, 담임 선생님과 협의해 오전 수업만 듣고 조퇴할 수 있도록 조정해 주었고, 학원도 당분간 쉬는 것이 좋겠다고 조언하였습니다.

3회차

처음으로 약을 복용한 날, 몸이 한없이 무거워졌습니다. 머릿속이 평소처럼 자유롭지 않았고, 책을 읽거나 글을 쓰는 것이 힘들게 느껴졌습니다. 심지어 말을 할 때도 발음이 어색하게 나왔습니다. 의사는 절대 약을 빼먹지 말라고 강조하였고, 나는 반드시 이를 지키겠다고 결심했습니다.

작가의 조언

청소년기에 정신과 질환을 경험하는 것은 미성년자에게 감당하기 어려운 일이므로, 스스로를 비난하지 말고 적응할 시간을 충분히 가지는 것이 중요합니다. 초기에는 약물 부작용으로 인해 생활이 불편할 수 있지만, 서서히 몸이 적응해 나가면서 점차 증상이 완화될 것입니다. 이 시기에는 무엇보다도 안정적인 치료를 지속하는 것이 가장 중요합니다.

4회차

약을 복용한 이후, 몸 전체가 무겁게 느껴졌습니다. 한동안 집에서만 지내다가 바깥으로 나가보려 했지만, 정신이 몽롱하고 숨이 가빠 산책조차 쉽지 않았습니다. 말할 때도 발음이 뚜렷하지 않아 신경을 써야 했습니다. 식욕이 평소보다 증가한 듯했고, 체중이 점점 늘어나는 것이 신경 쓰였습니다. 입안에 염증이 자주 생기고, 배뇨도 원활하지 않아 약물의 부작용을 실감할 수 있었습니다.

5회차

약을 복용하면서 몇 가지 불편한 점들이 두드러지기 시작했습니다. 체중 증가, 배뇨 장애, 소화 불량이 점점 심해졌고, 현기증이 잦아지면서 일어나기가 어려워졌습니다. 운동을 시도해 보려 했지만, 너무 힘이 들어 하루 종일 잠을 자는 날이 많아졌습니다.

6회차

부작용이 심해져 다시 병원을 방문하였습니다. 의사는 약물 용량을 조정해야 할 필요가 있다고 판단하고, 일주일 치 약만 처방하며 증상 변화에 따라 다시 조정하자고 하였습니다.

의사는 환청이나 착시 증상이 어떤지 물었고, 나는 이전보다 감소했지만 여전히 존재한다고 대답했습니다. 또한, 지하철을 타면 뛰어내리고 싶은 충동이 생기고, 식욕 조절이 어렵고 배뇨 문제가 지속된다고 이야기하였습니다.

의사는 이러한 부작용을 고려해 약물의 용량을 조정하였고, 필요할 경우 추가 조정을 하도록 하였습니다. 조정된 약을 복용하며 경과를 지켜보니, 조금씩 몸이 적응해 가는 느낌이 들었습니다.

작가의 조언

정신과 약물을 처음 복용하는 환자들은 다양한 부작용을 경험할 수 있습니다. 대표적인 부작용으로는 체중 증가, 현기증, 배뇨 장애, 소화 불량 등이 있으며, 특히 체중 증가는 많은 환자들이 걱정하는 문제입니다. 하지만 규칙적인 운동과 식단 관리를 통해 충분히 조절할 수 있습니다.

7회차

약물 복용이 어느 정도 자리를 잡았지만, 실수로 하루 약을 빼먹었습니다. 그런데 놀랍게도 머리가 맑아지는 느낌이 들었고, 오랜만에 자유로운 기분을 경험했습니다. 환청이 약간 있었지만, 약 없이도 충분히 생활할 수 있을 것 같다는 착각이 들었습니다.

작가의 조언

정신과 치료 중 약물을 임의로 중단하는 것은 매우 위험합니다. 약을 끊으면 순간적으로 기분이 좋아지는 것처럼 느껴질 수 있으나, 이는 일시적인 착각일 뿐이며, 시간이 지나면 증상이 더욱 악화될 가능성이 높습니다. 반드시 의사의 지시에 따라 약물을 복용해야 합니다.

8회차

 의사와 상담하며 약을 자주 빼먹었다는 사실을 이야기하자, 그는 꾸중을 하며 약물의 증감을 조정하기 시작했습니다. 한 달여가 지난 시점에서 약의 용량이 조정되었고, 몸의 반응이 달라지기 시작했습니다. 머릿속이 더욱 무겁고 눌리는 듯한 느낌이 들었으며, 현기증이 심해졌고 졸음도 더욱 자주 찾아왔습니다.
 그러나 처음 약을 복용했을 때보다는 그나마 견딜 만했습니다.

9회차

 체력이 어느 정도 회복되었고, 꾸준히 약을 복용하면서 부작용도 점차 몸이 적응할 수 있는 수준으로 완화되었습니다. 집에서 두 달간 요양하며 체중이 증가하긴 했지만, 바깥 활동을 시작해도 될 것 같다는 확신이 들었습니다. 약물 치료와 생활 패턴이 안정적으로 유지되는 지금, 당분간 경과를 지켜보며 더 나은 방향을 모색해야겠습니다.

작가의 조언

　치료 과정은 단거리 경주가 아니라 마라톤입니다. 최소 3년 정도의 장기 치료계획을 세우는 것이 중요합니다. 시간을 의식하기보다는, 하루하루를 규칙적으로 살아가는 것에 집중해야 합니다. 특히 치료 초기 6개월 미만의 기간에는 큰 변화를 시도하기보다, 약물 복용과 일상 적응에 집중하는 것이 가장 중요합니다.

10회차

　조금씩 활동을 재개하려 합니다.
　우선 동 주민센터나 구청의 장애인 상담 창구를 방문해 정신건강복지센터와의 연계를 추진합니다. 이 과정에서 신상 병명에 대해 설명하고 상담을 받으며, 향후 필요할 복지 지원과 재활 프로그램에 대한 정보를 얻습니다. 꾸준히 약을 복용하며, 사회 활동과 병행하여 점진적으로 일상으로 복귀하는 것이 목표입니다.
　또한, 신체 건강을 위해 운동을 시작하려 합니다. 가까운 공원에서 가벼운 산책부터 시작해 등산, 헬스클럽, 운동센터에서 트레이닝을 받으며 체력을 회복할 계획입니다. 땀을 흘리면서 과거

힘들었던 순간을 극복하고, 미래를 위한 계획을 구체화하고자 합니다.

11회차

이제 사회적 지원을 받기 위해 장애인 등록을 신청할 수 있는 시점이 되었습니다. 정신과 치료를 받은 지 1년이 지나면, 동 주민센터를 통해 장애인 등록을 신청할 수 있습니다. 신청 절차는 다음과 같습니다. 먼저 치료받은 병원의 1년치 진료 기록과 소견서를 준비하여 제출한 후, 장애 등급 판정을 받습니다.

장애인 등록이 완료되면 다양한 복지 혜택을 받을 수 있습니다. 기차 이용 할인, 전기요금 및 가스·수도요금 할인, 영화관 할인 등의 지원이 있으며, 정신건강 관련 추가적인 복지 서비스도 제공됩니다. 정신과 치료를 꾸준히 받아야 한다면, 12개월 차에 반드시 장애인 등록을 고려해 보는 것이 좋습니다.

12회차

장애인 등록이 완료되면, 그동안 치료에 집중하며 보내 온 시간들이 결실을 맺게 됩니다. 구청에서는 매년 11월 말, 장애인 복지 일자리 모집을 시작합니다. 사회복지 일자리를 담당하는 부서에 연락해 모집 일정과 절차를 확인한 후, 해당 동 주민센터에서 신청을 진행합니다. 이후 면접을 거쳐 채용 여부가 결정됩니다.

또한, 잡알리오, 워크투게더 같은 장애인 전용 취업 사이트를 활용하여 장애인 전형으로 구직을 시도할 수도 있습니다. 한국장애인고용공단을 통해 알선을 받는 방법도 있으며, 이를 통해 더욱 안정적인 일자리를 찾을 가능성이 높아집니다.

마무리

15개월간의 꾸준한 치료와 관리 끝에, 장애인 취업까지 연결되면 사회에 안정적으로 복귀할 수 있는 길이 열립니다. 이 과정은 최단 기간 내에 정신 건강을 회복하고, 병력을 안정적으로 관리하며 일상을 꾸려가는 방법입니다.

평균적으로 인간의 수명을 100년이라 할 때, 2년이라는 시간 동안 집중적인 치료를 통해 일상으로 복귀할 수 있다면, 이는 충분히 가치 있는 과정이라 할 수 있습니다. 물론 장애인 등록은 일정 기간이 지나면 자동 말소되므로, 이후 약물 치료와 내적 성장, 심리적 안정이 지속적으로 필요합니다.

이 플랜을 따르는 것이 이상적이지만, 현실적으로 많은 분들이 치료 과정에서 지연을 겪기도 하고, 절차를 잘 몰라 장기간 치료를 받는 경우도 있습니다. 따라서 위의 플랜을 참고하여 각자의 상황에 맞는 균형 있는 치료 계획을 세우길 바랍니다.

최악의 상황들

상황 1 — Before

　약물을 복용하고 빼먹기를 반복했습니다. 꾸준히 먹지는 않았지만, 그래도 그럭저럭 버틸 만했습니다. 평온하지는 않았지만, 그 나름의 리듬이 있었습니다. 가끔 뭉개지는 소리와 우물우물하게 들리는 소음이 있었지만, 그 정도는 견딜 수 있었습니다. 삶에 큰 방해가 되지는 않다고 생각했습니다. 이렇게 살아도 괜찮을 것 같았습니다.

　그런데 약물의 부작용이 점점 귀찮아졌습니다. 몸이 둔해지고 감각이 둔탁해지는 느낌. 견디기 싫었습니다. 자연스럽게 치료될 수도 있지 않을까? 내 몸을 내 마음대로 하고 싶었습니다.

상황 1 — After

사람마다 각자 다른 소리를 듣습니다. 그런데 어느 순간, 그 소리가 단순한 소음이 아니라 내 마음의 소리인 것 같은 기분이 들었습니다. 아무것도 할 수 없을 것 같았습니다.

소리들이 일상을 침해하기 시작했습니다. 점점 어지러웠고, 피곤했습니다. 들리는 소리가 갑자기 너무 많아졌습니다. 통제할 수 없었습니다. 주변에서 누군가 내 이야기를 하는 것 같은 느낌이 들지는 않았지만, 강박이 심해졌습니다. 도로로 뛰어들고 싶었습니다.

사람을 믿을 수 없었습니다. 혼자 있고 싶었습니다.

집 앞에서 개가 짖었습니다. 견딜 수 없었습니다. 때려 주고 싶었습니다. 위층에서 쿵쾅거리는 소리가 들렸습니다. 참을 수 없었습니다. 혼내 주고 싶었습니다. 도로 위의 차들은 왜 그렇게 경적을 울리는 걸까? 학생들의 웃음소리가 왜 광기에 찬 것처럼 들리지?

다 부질없었습니다. 모든 것이 거슬렸습니다. 아버지, 어머니와 절교해야 할 것 같습니다. 친구들도 날 싫어하는 것 같았습니다. 죽고 싶었습니다. 살아서 뭐 하지? 한 것도 없는 데, 그냥 죽으면 안 될까? 예전에 의사와 상담했던 기억들이 전부 왜곡된 것 같았습니다. 모든 것이 적대적으로 변해 있었습니다.

미래를 생각할 수 없었습니다. 선택지가 없었습니다. 자연 치유가 안 되나? 왜 이러지?

상황 1 — Ask

　이 단계는 약물 치료를 소홀히 했을 때 겪을 수 있는 과정과 결과를 보여 줍니다. 약물을 꾸준히 복용하면서 증상이 어느 정도 완화된 상태에서도, 약을 빼먹기 시작하면 강박증의 강도가 점점 높아지고 환청이 증폭됩니다. 그리고 들리는 소리가 스스로의 추측과 연결되면서, 결국 주변의 말소리와 알 수 없는 소리들을 혼동하는 단계에 이르게 됩니다.

　이러한 착각이 반복되면 뇌는 과부하 상태가 됩니다. 신경이 점점 예민해지고, 주변과 멀어지게 됩니다. 작은 소음에도 극단적으로 반응하게 되고, 모호한 판단을 내리게 되면서 결국 사회적 단절로 이어지게 됩니다.

　이런 와해 과정이 심화되면 결국 정신과 폐쇄병동으로 입원해야 합니다. 이곳에서는 고농도의 약물 치료와 단절 치료를 병행하여 증상을 완화시키고 보통 2개월 정도의 치료 후 퇴원을 고려하지만, 폐쇄병동을 반복적으로 드나들게 되면 정상적인 회복이 더욱 어려워 집니다.

상황 2 — Before

폐쇄병동에 두 번이나 다녀왔습니다. 약물의 농도는 두 배로 증가했습니다. 그런데도 아무것도 할 수 없었습니다. 일상생활을 접은 지 오래였습니다. 평범하게 사는 것이 너무나 어려웠다. 약을 먹으면 몸이 굳었습니다.

집에서 운영하는 가게에서 아르바이트를 했습니다. 그런데 아무 말도 하지 않는데 환청이 들렸습니다. 점점 소리가 커졌습니다. 사람들이 나에 대해 이야기하는 것 같았습니다. 현기증이 밀려왔습니다. 다른 소리에 집중할 수 없었습니다.

집에 있는 사람들이 날 죽이려는 것처럼 보였습니다. 그런 적이 없었는데, 갑자기 그런 생각이 들었습니다. 도망쳐야 했습니다. 가족들에게 무언가 씐 것 같았습니다. 귀신이 들린 것 같았습니다.

귀신으로부터 가족을 구하려면 어떻게 해야 할까? 인터넷에서 봤다. 귀신을 없애려면 반쯤 죽이면 된다고. 그러면 가족을 구할 수 있을까? 어쩔 수 없는 일이었습니다. 나는 그들을 구해야 하는 것이었습니다.

상황 2 — Ask

　폐쇄병동에 두 번이나 입원한 사례자는 이미 심각한 상태인 것이었습니다. 약물 치료를 유지하기 어려운 상태에서, 일상생활에 복귀하는 것은 무리였습니다. 하지만 가족들은 그에게 일을 맡겼고, 이는 더 큰 위험을 초래했습니다.

　이 단계에서는 약물 유지 치료가 절대적으로 필요했습니다. 만약 처음 발병한 환자가 6개월 동안 약물을 유지해야 한다면, 재발한 환자는 최소 1년 이상 치료와 재활이 필요합니다.

　환자의 생활 환경은 철저히 제한되어야 합니다. 보호자의 동행 없이 혼자 외출하는 것도 어렵습니다. 가까운 정신건강복지센터에 다니거나, 제한된 범위 내에서만 움직이는 것이 필요합니다.

상황 3 — Before

　증상이 재발했습니다. 병원에 입원해서 강한 약물을 복용했더니, 현기증이 심했습니다. 망상이 심해졌습니다. 길거리를 걸었지만, 환청이 머릿속에서 메아리쳤습니다. 동공이 내려가지 않았습니다. 걸을 때마다 머릿속에서 소리가 울렸습니다.

　어떻게 해야 할지 몰랐습니다. 가야 할 길이 너무 멀었습니다.

힘들었습니다.

상황 3 — Ask

약물 치료를 계속하면서 피로가 극한에 달했을 때, 가장 중요한 것은 조용한 곳에서 쉬는 것입니다. 하지만 단순한 휴식으로는 해결되지 않습니다. 시간이 지나도 회복되지 않고, 고립과 피로만 깊어질 뿐입니다.

이럴 때 사용할 수 있는 몇 가지 방법이 있습니다. 손등을 비비면서 눌러 본다거나, 두 손을 모아 오른손에 힘을 주어 왼쪽으로 밀어 본다거나 눈 마사지 기구가 있다면 사용하는 것도 방법입니다.

그러나 가장 중요한 것은 주변에 도움을 요청하는 것입니다. 가족이나 지인에게 지금의 상태를 세세하게 설명하고, 직접 데리러 와 달라고 요청해야 합니다. 그렇게 해서라도 이 상황에서 빠져나와야 합니다.

약을 먹지 않은 상황

어느 날, 깜빡하고 약을 먹지 않았습니다.

늘 규칙적으로 복용해야 한다는 사실을 알고 있었지만, 하루쯤 괜찮을 거라는 생각이 들었습니다. 가끔은 약을 먹기 싫을 때도 있었습니다. 스스로 상태가 나아지고 있다고 믿고 있었기에, 괜찮을 거라고 여겼습니다.

그런데 하루이틀이 지나자 몸이 가벼워지는 느낌이 들었습니다. 머리가 맑아지고 말도 빠르게 나왔습니다. 하고 싶은 말을 모두 할 수 있을 것 같았고, 머릿속이 뚜렷하게 정리되는 기분이었습니다. 글도 막힘없이 써지고, 심지어 누군가를 가르칠 수도 있을 것 같은 자신감이 생겼습니다.

하루 반나절이 지나자 컨디션이 최상으로 올라갔습니다. 그런데 조금 지나니 환청이 들리는 듯한 느낌이 들었습니다. 그러나 대수롭지 않게 여겼습니다. '내 힘으로 나을 수 있는 게 아닐까?' 하는 생각마저 들었습니다.

약을 끊은 이후의 상황

며칠이 지나면서 환청이 점점 더 또렷해졌습니다. 하루이틀이 아니라, 한 달 가까이 약을 들쭉날쭉 복용합니다. 보니 증상이 점점 심해졌습니다. 처음에는 무시할 수 있는 정도였지만, 이제는 도저히 무시할 수 없는 단계에 이르렀습니다. 머릿속에서 끊임없이 들려오는 소리는 조절할 수 없었고, 도파민이 과도하게 분비되면서 사고가 지나치게 빨라졌습니다.

약물의 역할을 과소평가했던 대가는 컸습니다. 시간이 지나면서 증상이 더욱 심화되었고, 결국 통제가 불가능한 상태에 이르렀습니다. 혼자서 이 상황을 해결할 수 없다는 사실을 깨닫게 된 것은 이미 늦은 후였습니다.

결국, 최악의 상황에 놓인 저는 폐쇄병동에 입원할 수밖에 없었습니다. 강력한 약물을 사용해야 했고, 증상을 억제하기 위해 기존보다 더 강한 치료를 받아야 했습니다. 약을 중단하는 순간, 다시는 되돌릴 수 없는 고통이 찾아왔습니다.

이 경험을 통해 다시 한번 깨달았습니다. 정신과 치료에서 가장 중요한 것은 약물 복용을 철저히 지키는 일이라는 것을요. 잠깐의 착각으로 약을 끊었다가는, 더 깊은 나락으로 떨어질 수 있습니다. 절대, 절대로 약을 임의로 끊어서는 안 됩니다.

이상 증세: "넌 절대자야, 이 편집증 환자야!"

나는 일상 속에서 무수히 많은 내면의 목소리를 듣습니다.

그중에서도 가장 빈번하게 들리는 말은 "너는 절대자야." 혹은 "너는 특별한 사람이야."와 같은 것들입니다.

조현-편집증이 시작되었을 때, 나는 환청에 시달리며 힘겹게 살아갔습니다. 약물 치료를 통해 환청을 조절하고, 하나씩 이상 증세를 다스리기 시작했습니다. 그러나 때때로 내가 방심하고 병의 부작용에 무너질 때면, 또다시 반복되는 목소리가 나를 찾아옵니다. "너는 신이야.", "부처님의 제자야.", "절대자야.", "우주의 주인이야."

이러한 말들은 끊임없이 내 머릿속을 맴돕니다. 심지어 감정이 혼란스러울 때는 "누군가 널 좋아해.", "누군가 너와 결혼하고 싶어 해."와 같은 내용이 환청이나 망상의 형태로 투영되기도 합니다.

이것들이 단순한 착각이라는 것을 알면서도, 마치 내면의 깊은 곳에서 올라오는 무의식적 욕망처럼 느껴질 때가 있습니다. 이런 환청을 무시해야 한다는 걸 알면서도, 때때로 흔들리는 내 자신을 마주하게 됩니다.

하지만 나는 확신합니다. 나는 절대자가 아닙니다. 나는 신이 아닙니다.

이 모든 것은 단순한 망상에 불과지만 때로는 환청에 대한 감정의 조절은 감정이 고조될 때 환청이 더 강하게 들리곤 합니다. 예를 들면, '나는 신이야!'라는 느낌과 함께 환각적인 감각이 동반될 때가 있습니다. 반대로 사람들이 나를 욕한다는 환청이 들리면, '사람은 고쳐 쓸 수 없다.' 하는 생각이 스스로를 지배하기도 합니다.

이런 순간마다 나는 신경정신과에서 처방받은 약을 복용합니다. 그러면 조금씩 마음이 가라앉고, 병원에 가서 적절한 조치를 취할 수 있게 됩니다. 삶을 이러한 방식으로 대하는 것이 잘못된 것은 아닙니다.

완벽한 인간이란 존재하지 않습니다. 설령 사회에서 이상적인 인간상이 존재한다고 하더라도, 나는 그 틀에 맞추어 살 수 없다면 자신의 사정에 맞게 살 수 있는 진심으로 살아야 된다고 생각합니다. 나 스스로를 있는 그대로 받아들이는 것이 중요합니다.

나는 지금도 환청을 듣습니다.

하지만 이제는 그 소리가 진짜인지 가짜인지 분별할 수 있는 힘이 생겼습니다.

현실과 환청을 구분하는 방법의 예시를 들어 보겠습니다. 어느 날에 누군가 내게 일거리를 맡겼습니다. 대화를 나누던 중, 상대방이 혼잣말을 하듯 작은 목소리로 무언가 중얼거렸습니다.

그 순간, 나는 '저 사람이 나를 흉보고 있는 건가?' 하는 생각이 들었습니다.

하지만 이내 나는 스스로에게 물었습니다.

이 상황에서 상대방이 과연 나를 욕할 이유가 있는가? 그 대화의 맥락과 감정을 되돌아보며 차분히 분석해 보았습니다. 그리고 결론을 내렸습니다. 상대방의 작은 목소리는 그저 혼잣말이었을 뿐, 나를 향한 비난이 아니었습니다.

망상과 현실을 구별하는 방법 중 하나는 이렇게 감정을 되짚어 보고 논리적으로 판단하는 것입니다.

사람들은 대화 중 수많은 혼잣말을 합니다. 하지만 그 짧은 순간에 누군가를 험담하는 것은 생각보다 쉽지 않은 일입니다. 본능적으로는 찝찝할 수 있지만, 이성적으로 차근차근 따져보면 불필요한 망상에서 벗어날 수 있습니다.

나의 존재는 타인에게 위협이 아닙니다.

나는 나를 제어하고 방어하며 약을 먹습니다.

이것은 단순히 나 자신만을 위한 것이 아닙니다. 내 옆에 있는 사람들, 즉 가족과 친구, 동료들을 위해서라도 나는 내 병을 통제해야 합니다. 하루에도 수십 번씩 내 안에서는 욕설을 퍼붓고 싶은 충동이 일어난다. 하지만 나는 그것을 무시하고 한마디도 내뱉지 않습니다.

내 옆에 있는 사람들은 아무런 죄가 없습니다. 내가 그들과 함께 있는 것이 그들에게 불행이 되어서는 안 됩니다. 그렇기에 나는 내 증세를 정제하고 조절하여, 주변 사람들이 나로 인해 놀라지 않도록 최선을 다합니다.

다행히도, 지금까지 내 병 때문에 타인을 놀라게 한 적은 없었습니다. 나는 내 증세를 타인에게 발현시키지 않습니다. 내가 나를 억제하는 한, 나는 안전할 것입니다. 이러한 현실 속에서 나는 절로 마음을 다스리고 수양을 하게 됩니다.

그것이 내 삶의 방식이 되었습니다.

나이, 세대, 변화의 감각

　내가 정신질환과 함께 살아온 세월을 돌이켜 보니, 10대 후반부터 30대 후반까지였습니다. 어느덧 20년이라는 시간이 흘러갔고, 그동안 내 삶에도 많은 변화가 있었습니다. 20대에는 사회 초년생으로서 혼자 투병하며 버텨야 했고, 직업을 갖거나 책을 출판하는 등 여러 가지 일들을 해 왔습니다. 하지만 문득 깨닫게 된 사실이 있습니다.

　내 삶에는 선배나 후배라는 개념이 없었다는 것입니다.

　내 곁에 있던 사람들은 단순히 남이었고, 선생님이었으며, 때때로 동생이었습니다. 그러나 이제 30대 후반이 되어 보니, 내 뒤를 잇는 20대와 30대 사회 입문생들이 보이기 시작했습니다.

　정신건강복지센터를 방문하면, 과거에 내 또래였던 30~40대 사회복지사 선생님들은 이제 보이지 않고, 20~30대의 젊은 선생님들이 그 자리를 대신하고 있었습니다.

그뿐만이 아니었습니다. 동네 가게의 점원들, 공공기관에서 만나는 서비스 담당자들, 일상에서 마주치는 사람들조차 대부분 나보다 어린 세대였습니다. 나이가 들었다는 사실을 실감하는 순간들이었습니다. 이제는 내가 후배들에게 무언가를 물려주고, 새로운 세대를 위해 힘을 내야 하는 시기가 된 것입니다.

어린 시절, 나는 동네에서 유명한 꼬마였습니다.

그런데 20년이 지나고 보니, 어느새 기성세대가 되어 있었습니다.

이런 생각을 합니다. 보니, 100년이라는 인간의 수명이 너무 짧다는 생각. 나는 최소한 200살까지는 살아야 한다고 생각합니다. 아니, 인류에 공헌할 수 있다면 200년을 살아도 부족하다고 느껴집니다. 나의 깨달음과 지식, 경험을 다음 세대에 전하고, 정신의 맑음을 이어 가며, 사랑을 바탕으로 생명의 의미를 이어 가고 싶다는 욕망이 강하게 솟아납니다. 지금 내 주위에는 나보다 젊은 사람들이 많습니다.

그렇기에 나의 행동과 태도가 그들에게 미칠 영향에 대해 깊이 고민할 수밖에 없습니다.

망상과 현실의 경계에서

1

나는 살아오면서 많은 망상을 해 왔습니다.

하지만 그 망상들은 단순한 허상이 아니었습니다. 나에게 희망을 주었고, 미래에 대한 긍정적인 메시지를 던져 주었습니다. '출세한 뒤, 나를 도와준 사람들에게 보답할 것이다.' 이런 생각이 나를 버티게 했습니다. 과거의 인연을 기억하고, 나를 지지해 준 사람들에게 감사하는 마음을 갖는 것은 분명 좋은 일이었습니다.

그러나 시간이 흐르면서 나는 깨달았습니다.

그것이 이루어질 수 없는 망상이라는 것을.

한때 가장 친했던 친구 셋과 함께 우리들은 패밀리 네임으로 부르기를 '세 덩치'라 하고 우정을 나누었습니다. '세 덩치'는 영원할 것이라 믿었습니다. 하지만 세월이 지나면서 우리는 각자의 길을 갔습니다. 의견 차이와 나의 투병으로 인해 우리는 서서히 멀어졌고, 10년이 지나자 완전히 사라져 버린 관계가 되었습니다. 또 한 명의 친구는 어디론가 떠났고, 연락이 끊긴 지 오래였습니다. 나에게 중요한 사람들이었지만, 이제는 과거의 한 조각일 뿐이었습니다.

그리고 어떨 때 내가 취미인 촬영으로 사진을 찍으면, 사람들은 내가 찍은 사진을 좋아해 주며 말하기를 "이 사람은 소중한 사람이야."라고 했습니다. 그러나 그런 평판도 세월 앞에서는 힘을 잃었습니다. 함께했던 사람들은 뿔뿔이 흩어졌고, 그 기억들은 어느새 희미해졌습니다.

정신과 병원이나 의원에서 나를 치료해 준 의사 선생님과 간호사들에게도 보답하고 싶었습니다. 하지만 어느 순간 병원은 폐업했고, 은퇴한 선생님들은 머리가 희끗해져 있었습니다. 내가 감사함을 전하고 싶었던 많은 사람들이, 세월과 함께 사라졌습니다.

결국, 나의 망상은 현실에서 빛을 잃고 있었습니다.

역시나 망상의 반대편에서는 이렇게 속삭입니다. "너는 아직 단단하지 못합니다. 너는 변하는 세상을 받아들이지 못하고 있습니다. 과거의 인연이 영원할 것이라는 망상에서 벗어나야 합니다. 네가 나누려는 돈은 실체조차 없는 허상이며, 사람들은 이미 너를 잊었습니다."

더 나아가 이렇게 말하기도 합니다.

"너의 선행은 길에 버려질 수준의 가치일 뿐입니다. 그것은 진정한 인덕이 아닙니다. 단지 네가 무력할 때 누군가가 도와준 것에 대한 감정적 반응일 뿐입니다."

이제는 그런 목소리를 받아들이고, 현실을 직시할 때가 되었습니다.

2

일터에서 내 자신이 대화의 주제가 되는 일들이 있습니다.

어느 날, 사람들이 농담 삼아 청년의 기준을 이야기하고 있었습니다. "청년 기준이 39세까지 아니야?" 누군가가 말했습니다. 순간, 나는 가슴이 철렁 내려앉았습니다. 내가 바로 39세 청년 인턴으로 일하고 있었기 때문입니다.

그 말을 한 사람을 원망할 수도 있었겠지만, 나는 내면의 소리에 귀를 기울였습니다. 그리고 내 마음속에서 이런 답이 돌아왔습니다. "저 사람들은 그냥 기분을 풀 겸 이야기하고 있을 뿐입니다. 네가 매치되는 것에 대해 언급한 것은, 네가 스스로 정보를 흘렸기 때문입니다. 오히려 네가 미안해해야 하는 부분이 있을지도 모릅니다."

또 다른 내면의 목소리는 이렇게 말했습니다.

"기본이 부족한 대화다. 이런 말들은 휴게실에서 해야 하는 것 아닌가?"

사람들은 타인의 삶을 가볍게 논할 수 있습니다. 그러나 그것을 마음에 담아 둘 필요는 없습니다. 나의 인생과 타인의 시선을 지나치게 연결 짓지 않는 것이 중요합니다. 이런 상황에서 내가 할 수 있는 가장 좋은 대처는 무엇일까? 때로는 그저 가볍게 넘기는 것이 답이 됩니다. 예를 들어, "내가 태어난 게 청년 지원금 받기 위해서는 아니잖아?"라고 웃으며 받아치는 것도 한 방법입니다.

과거와 현재의 시선

1

등산을 시작한 지 두 달째 되던 어느 저녁이었습니다. 평소처럼 방에서 유튜브를 보며 시간을 보내다가, 순간적으로 집중력이 흐트러진 틈을 타 무의식적으로 혼잣말을 내뱉었습니다.

"배고프다…. 탄산음료…. 사이다 말고 콜라였으면 좋겠네."

스스로도 알아차리지 못할 정도로 빠르게 튀어나온 욕구였습니다. 충동적으로 지갑을 뒤적여 잔돈을 긁어모으니 겨우 4000원이 모였습니다. 옷을 주섬주섬 챙겨 입고 밖으로 나가려는데, 거실에 계시던 부모님께서 눈치를 채셨는지 한마디 하셨습니다.

"밤늦게 나가서 자꾸 뭘 사 먹고 다니지 마라. 왜 자꾸 그렇게 싸돌아다니니?"

그 순간, 현실이 다시금 선명하게 다가왔습니다. 가벼운 충동에서 비롯된 작은 행동조차 부모님의 한마디에 무겁게 느껴졌고, 문득 저는 스스로에게 이렇게 중얼거렸습니다.

"현타 오네…."

편의점까지 걸어가는 짧은 거리 동안에도 머릿속은 복잡했습니다. 제 인생을 돌아보니 가장 큰 목소리로 늘 내 삶을 주도했던 사람은 다름 아닌 부모님이었습니다. 콜라를 사서 단숨에 마시니 답답했던 속이 순간적으로 뻥 뚫리는 것 같았습니다. 하지만 그런 순간적인 기분 전환 뒤에는 다시금 무거운 생각들이 찾아왔습니다.

집으로 돌아오자 거실에서는 뉴스가 흘러나오고 있었고, 어머니는 부엌에서 설거지를 하며 한숨을 쉬셨습니다.

"오늘따라 허리가 너무 아프다…. 진행아, 집에 파스도 없고 진통제도 다 떨어졌네."

어머니의 말에 제 마음이 급히 요동쳤습니다.

"제가 나가서 약 사 올게요."

곧바로 외투를 다시 걸치고 집 밖으로 나왔습니다. 밤거리는 어둡고 조용했습니다. 서둘러 주변 약국을 찾았지만, 동네 약국들은 대부분 문을 닫은 상태였습니다. 불이 켜진 약국을 찾기 위해 걸으며 혼잣말이 절로 나왔습니다.

"이 시간에 열려 있는 약국 찾는 게 힘들다…."

다행히 큰 도로변에서 문이 열린 약국 하나를 발견했습니다. 약국에서 진통제와 파스를 사 들고 집으로 돌아오는 길에 마음이 조금은 가벼워졌습니다. 집으로 돌아와 약을 어머니께 드렸습니다. 어머니는 조용히 약을 드신 뒤 조금 편안한 표정으로 제 손을 잡으셨습니다.

"좀 나아진 것 같구나. 고맙다."

어머니의 손길에서 작은 위안을 받았지만, 동시에 왠지 모를 허탈함이 밀려왔습니다. 가족의 아픔을 느낄 때마다 저는 제 자신을 돌아보게 됩니다. 제 병만 신경 써야 하는 것이 아니라, 가족 구성원 모두가 각자 아프거나 힘든 순간이 있다는 것을 받아들여야 했습니다. 각자의 아픔을 이해하며 균형을 잡아야 하는 것이 가족이라는 것을 다시금 깨닫게 되었습니다.

여전히 서툴지만, 가족 안에서 제가 해야 할 역할을 조금씩 배우고 있습니다. 인생에서 신경 써야 할 부분은 결코 나의 병만이 아니라는 것을, 가족 구성원 모두가 함께 겪는 위기와 아픔 속에서 서로의 균형을 맞추는 일이 얼마나 중요한지를 알게 되었습니다.

2

최근 나는 종교인들이 말하는 '신앙 고백'이나 '기도를 통한 메시지 전달', 혹은 '하늘에서 울리는 말씀'이라는 개념과 내 안에서 자연스럽게 나오는 말 사이에 어떤 유사성이 있다는 생각이 들었습니다. 결국, 이는 모두 인간이 듣는 '소리'의 형태이니, 같은 선상에서 해석될 수 있지 않을까?

  내가 무심코 흘려보내는 말과, 신앙인들이 신으로부터 받는 말씀은 본질적으로 같은 원리일지도 모릅니다. 내면에서 울려 퍼지는 직관적인 망상이나 상상, 그리고 종교적 계시로 표현되는 말들이 하나의 맥락으로 이어질 수 있음을 깨달았습니다.

  문제는, 이러한 내면의 목소리가 언제나 진실을 말하는 것은 아니라는 점입니다. 많은 종교 지도자들이 신의 계시를 받았다고 주장하지만, 그 예언이 실제로 증명되는 경우는 극히 드뭅니다. 오히려 무책임한 예언이 개인과 사회를 혼란에 빠뜨리는 사례가 더 많습니다.

  최근, 자신을 메시아라 칭하는 유튜버의 예언이 화제가 되었습니다. 유명인이나 공직자들이 그의 말을 철석같이 믿고 실행에 옮겼다가 결국 파멸을 맞이한 사건이 있었습니다. 그가 참고한 것이 단순한 과거의 기록인지, 아니면 자기 내면에서 떠오른 막연한 직감이었는지는 알 수 없습니다. 하지만 예언이란 저절로 이루어지는 것이지, 인위적으로 강제해서는 안 된다는 점을 우리는 기억해야 합니다.

3

  나는 종종 서면에 있는 타로 전문가 '루시엔 선생'을 찾아가 이야기를 나눕니다.

그곳에서 내 사주를 공개했고, 세상의 흐름에 대한 다양한 의견을 나누었습니다. 어느 날, 루시엔 선생은 내게 자신의 일상에 대한 예지를 해 달라고 요청했습니다. 나는 몇 가지 이야기를 전했고, 후에 선생님이 신점을 보는 점술가와 대화를 나눴을 때, 내 말이 놀라울 정도로 일치했다는 사실을 알게 되었습니다.

타로 카드를 뽑아 보니, 내가 했던 말들이 예언가와 같은 힘이 있다는 사실이 타로를 통해 사실로 드러났다고 합니다. 선생님은 놀랐지만, 나는 담담했습니다. 마치 당연한 결과를 확인한 듯한 기분이었습니다. 그리고 선생님은 내게 말했습니다.

"진행 님은 전생에도 이런 기운을 가지고 있었던 것 같아요."

그 말을 들으면서도, 나는 별다른 감정을 느끼지 않았습니다. 어쩌면 내 내면의 소리가, 단순한 우연이 아니라 나와 연결된 깊은 무언가일 수도 있다는 생각이 들었습니다.

어느 날, 타로 루시엔 선생과 대화를 나누던 중 우리는 같은 의문을 품게 되었습니다.

'우리는 왜 이렇게 사는 걸까?'

나는 조용히 내면의 소리에 귀를 기울었더니 그리고 뜻밖에도 다음과 같은 말이 흘러나왔습니다.

"우리는 원래 흑인 원주민이었습니다. 그러나 땅을 빼앗겼고, 결국 죽음을 맞이했습니다. 이 나라의 많은 사람들이 본토에서 태어나고 자란 토착민들입니다. 우리는 너무 쉽게 희생당했습니다."

나는 처음에는 '미국'에서 죽었다는 말을 하려 했지만, 입에서 나온 단어는 '아프리카'였습니다. 마치 내 입이 나보다 먼저 대답을 알고 있는 듯했습니다.

4

나는 언제나, 내면의 목소리를 억누르지 않고 겸허히 듣습니다.
내가 처음 환청을 경험했던 순간을 떠올려 봅니다. 서울역에서 들려온 한마디는 이겁니다.
"너는 부처님의 제자다."
그때 나는 그것을 믿었고, 환청이 시키는 대로 수행하듯 행동했습니다. 정신과적 질환을 겪는 많은 사람들이 비슷한 경험을 합니다. 자신이 신과 연결되었거나, 선택받은 존재라는 생각에 빠지는 것입니다. 하지만 시간이 지나면서 나는 깨달았습니다. 만약 정말로 '메시아'라면, 증명할 수 있는 기준이 있어야 하지 않을까?

몇 가지 기준을 생각해 보면 다음과 같은 것이 선택받은 자의 특징입니다.

신이 허락했는가? 그에 합당한 인과 관계가 있는가? 이유 없이 몸이 아프지 않은가? 지금의 생각이 이치에 맞는가?

이 네 가지 기준이 선택받은 사람들에게 나타나는 특징이기도 합니다.

사실 진정한 성인은 세상에 자신의 뜻을 펼치기 전에, 스스로를 단련하고, 타인을 해치지 않으며, 조용히 수행하는 존재일 것입니다.

나는 정신질환을 극복하기 위해 스스로를 절제했고, 그 과정에서 입에서 무언가를 조언할 수 있는 무의식적인 의사 표현 방법을 얻었습니다. 그리고 이제는 확신합니다. 내가 메시아라는 생각은, 단지 현실을 벗어나고 싶은 무의식의 욕망일 뿐이었다는 것을요.

그러나 이 깨달음은 단순한 절망이 아닙니다. 오히려, 나 자신을 깊이 이해하는 계기가 되었습니다. 그리고 나는 이제, 같은 길을 걸어가는 이들에게 "견디는 과정 자체가 새로운 경험이며, 그 과정에서 진정한 깨달음이 찾아옵니다." 하고 이야기 하고 싶습니다.

"나는 메시아다."

환청 속 목소리는 이렇게 말할지도 모릅니다. 하지만 이제 나는 압니다. 그 말은 사실이 아니라는 것을. 그것은 단지, 더 나은 삶을 향한 인간의 본능적인 갈망일 뿐이라는 것을 말입니다.

회복의 출입구: 다시 열리는 창

　조현-편집증의 치료에서 무엇보다 중요한 것은 '초기 대응'입니다. 이 병은 초발 후 빠르게 치료 방향을 잡는 것만으로도 장기적인 악화를 막을 수 있으며, 재발을 피한 사람들의 경우 이후의 삶에서도 상대적으로 안정된 일상을 이어 갈 가능성이 높습니다. 그런 점에서 『내 마음속의 신을 움직이다 — 타협의 시대』에 담긴 회복 요법들은 초기 단계 환자들에게 특히 효과적인 지침이 될 수 있습니다. 이 책은 감정 조절, 현실 검증, 내면 인식과 수용 등의 요소를 포괄하며, 재발 이전의 경계선상에 있는 이들에게 결정적인 인식의 전환을 일으킬 수 있습니다.

　하지만 작가는 이러한 '초기 개입'의 시기를 지나쳐 버린 사람 중 하나입니다.

　작가는 실제로 두 번의 재발을 경험했으며, 폐쇄병동 입원 또한 두 차례 겪었습니다. 이는 단순한 고비가 아니라 병의 성질 자체가 더욱 복잡해졌다는 신호였습니다. 재발한 조현-편집증은 처음보다 치료가 훨씬 어렵습니다. 약물 반응이 더디고, 증상의 형태도 변화무쌍해지며, 환자는 '완치'라는 목표보다 '관리 가능한 삶'이라는 현실적인 목표를 받아들여야 할 때가 많습니다. 작가가 지금도 잔류 증상, 환청과 같은 잔여 흔적을 안고 살아간다는 점은, 조현-편집증이 단 한 번의 치료로 완전히 소멸되지 않는 병이라는 것을 여실히 보여 줍니다.

의학적으로도 조현-편집증은 재발이 반복될수록 치료 가능성이 낮아진다는 것이 명확합니다. 조기 치료가 중요한 이유는 병의 발현 구조가 상대적으로 단순하고 예측 가능하기 때문입니다. 하지만 한 번, 두 번 재발할수록 뇌의 신경회로는 병의 패턴에 익숙해지고, 삶의 패러다임도 '정상화'에서 '조율'로 바뀌게 됩니다. 이 지점에 이르면 단기간의 치료보다는 평생에 걸친 자기조절과 관리가 중심이 됩니다. 『내 마음속의 신을 움직이다 — 타협의 시대』는 이처럼 장기적인 싸움을 이어 가야 하는 한 작가의 고백이자 기록입니다. 그리고 바로 그렇기 때문에, 이 책은 역설적으로 초기 환자들에게 더 큰 울림을 줍니다. 아직 돌아갈 수 있는 길이 있다는 사실을, 이 책을 통해 미리 마주할 수 있기 때문입니다.

많은 독자들이 이 책을 '회복의 증언'으로 읽지만, 사실상 더 중요한 메시지는 '예방의 시선'에 있습니다. 저자의 삶은 분명 힘겹고 가파른 여정이었습니다. 하지만 독자들은 그 안에서 반면교사와 미래 지도를 동시에 얻습니다. 단순히 감동을 넘어, '재발하지 않기 위해 내가 지금 할 수 있는 일이 무엇인가'를 되묻게 되는 것입니다. 조현-편집증은 단순한 질병이 아닙니다. 삶의 구조를 바꾸고 관계의 틀을 무너뜨릴 수 있는 무서운 병입니다. 그렇기에 아직 병의 정체가 완전히 드러나기 전, 그 징후와 흐름을 포착할 수 있다면 그 자체로 가장 값진 치료가 됩니다.

  이 책은 말합니다. 지금 이 글을 읽고 있는 당신이 그 길을 미리 막을 수 있는 사람일 수 있다고. 그리고 그것이 바로 이 책이 존재하는 이유라고 말입니다.

마무리: 타협의 시대에 서서

세상을 살아가다 보면 기득권층이나 정치권에서 과거사를 끌어와 현재의 문제를 설명하는 경우를 자주 접하게 됩니다. 그들은 종종 일제강점기나 역사적 사건을 예로 들며 특정한 주장을 펼치곤 합니다. 하지만 저는 그런 주장들을 들을 때마다 마음 한편이 답답해지곤 합니다.

어느 날, 저는 내면의 목소리에게 물었습니다.
"이런 인용들이 정말 의미가 있을까?"
그러자 제 안에서 조용한 대답이 돌아왔습니다.
"과거의 사건을 끌어오는 것은 때로는 자기합리화에 불과할 수 있어. 많은 사람들이 역사적 사실을 자신에게 유리한 방식으로 해석하거나, 때로는 왜곡하기도 하지."

과거라는 것은 단순히 편리한 인용구가 아니라, 현재를 살아가는 우리들의 바람과 의지 속에서 올바르게 해석되어야 합니다. 과거의 틀에 갇혀 현재의 문제를 해결하기보다는, 변화하는 현실을 정확히 바라보고 시대적 상황에 맞는 적절한 타협과 해결책을 찾아야 합니다.

우리는 지금 타협의 시대를 살고 있습니다. 과거의 갈등과 상처를 무조건 끌어오는 대신, 그 교훈을 현재의 문제를 해결하는 데 어떻게 적용할 수 있을지 고민해야 합니다. 세상은 끊임없이 변화하고 있으며, 그 변화 속에서 우리는 과거에 얽매이지 않고 유연하게 대처해야 합니다.

저 역시 그런 변화 속에서 살아가고 있으며, 과거에 대한 고정관념이나 편견을 벗어나 현재의 문제를 직시하고 현실에 맞는 타협점을 찾는 것이 중요하다는 사실을 깨닫고 있습니다.

편집증을 앓으며 살아온 제 이야기를 책으로 풀어내고, 병을 해석하며, 사회 현상과 타로, 은반지와 같은 비공식적인 정신적 요소들을 탐구하면서 문득 이런 생각이 들었습니다.

'이 모든 정신과정이 편집의 일부가 아닐까?'

우리가 경험하는 여러 가지 환상 같은 체험과 설명되지 않는 현상들은, 어쩌면 도파민 흐름에 따른 변형된 인식이거나, 편집중적 사고에서 비롯된 것일지도 모릅니다.

하지만 저는 이 모든 경험들이 단순한 망상이나 착각이 아니라, 세상을 바라보는 또 다른 방식이라고 생각합니다. 사회에 피해를 주지 않는 범위 내에서, 새로운 시각과 관점을 제시할 수 있다면 그것 역시 의미 있는 일이라 여깁니다.

우리는 태어나면서부터 수많은 지식과 관념을 흡수하며 살아갑니다. 가족의 개념, 국가의 개념, 사회의 규칙과 자본주의의 논리는 결국 인간이 만들어 낸 체계입니다. 돈을 벌어 가정을 꾸리고, 직업을 갖는 것 또한 하나의 사회적 구조 속에서 정해진 규칙일 뿐입니다.

조현-편집증이라는 병명 또한 인간이 행동을 분류하고 정의 내린 결과일 뿐, 본래부터 존재하는 절대적인 개념은 아닐 수도 있습니다. 만약 모든 사람들이 같은 방식으로 사고하고 같은 방식으로 행동한다면, 그것이 오히려 하나의 '정상'으로 정의될지도 모릅니다.

제 행동들이 편집증적인 사고에 의해 나타난 결과일 수도 있습니다. 하지만 그것이 단순한 망상이 아니라, 사회에 적응하고 자신을 조율하는 과정에서 자연스럽게 나타나는 것이라면, 과연 어디까지를 병으로 볼 수 있을까요?

사회는 수많은 규칙 속에서 개인을 정의하고 통제합니다. 우리는 그 틀 속에서 살아가지만, 결국 죽음이라는 종착지 앞에서는 모두 같은 운명을 맞이합니다. 일반인이든, 편집증 환자든, 결국 시간이 지나면 존재하지 않는 미래가 이어질 뿐입니다.

그렇다면, 우리는 무엇을 위해 살아야 할까요?

삶과 죽음이 단순히 흘러가는 과정이라면, 저는 제 내면에서 솟아오르는 진실을 숨기지 않기로 했습니다. 예전에는 이런 생각들이 떠오르면 스스로 부정하고 표현하지 않으려 했습니다. 하지만 그것이 오히려 제 정신을 갉아먹고, 건강을 해치는 요소가 된다는 것을 깨달았습니다.

비록 현실과 동떨어져 보일지라도, 은반지를 통한 경험, 타로를 통한 예측, 그리고 무의식 속에서 흘러나오는 말들이 저에게는 하나의 진실이었습니다. 만약 그것이 지속적으로 이어지고 의미를 가지게 된다면, 저는 그 길을 또 하나의 가능성으로 받아들이려 합니다.

인간은 다양한 형태로 태어나고, 또 다양한 방식으로 삶을 마무리합니다.

저는 이러한 경험들을 부정하지 않고, 그것을 받아들이며 타인과 함께 살아가고자 합니다. 시대는 점점 복잡해지고, 사회는 점점 더 어려운 방향으로 흘러가는 듯하지만, 그럼에도 불구하고 저는 정신을 바로잡고 흔들리지 않으려 노력할 것입니다.

저는 단순히 살아가는 것이 아니라, 고민하고, 고독을 견디며, 알 수 없는 세상을 향해 나아가는 길을 택했습니다. 많은 사람들이 서로를 이해하며 조화를 이루고, 더 나은 세상을 만들어 가기를 간절히 바랍니다. 그리고 그 과정 속에서, 저 역시 제 역할을 다할 수 있기를 기도합니다.

이것이 제가 받은 하나의 깨달음이며, 이번 책의 제목이 '타협의 시대'가 된 이유입니다.

2장

정신회복 보조요법과

무형 치유 실험

꿈은 무의식이 보내는 신호이며, 우리는 그 안에서 자신을 마주합니다. 작은 물건 하나가 삶의 균형을 바꿀 수 있으며, 신념과 우연의 경계에서 의미가 탄생합니다. 나를 지탱해 준 것이 타인에게도 치유가 될 수 있을까요? 우리의 작은 경험이 또 다른 사람의 삶에 빛이 될지도 모릅니다. 믿음이란 결국, 그것이 나를 지켜 주는가 하는 문제입니다.

꿈, 단면과 일상

2024년 12월 23일, 나는 강렬한 시그널과도 같은 꿈을 꾸었습니다.

한밤중, 나는 누군가에게 쫓기고 있었습니다. 골목 안으로 숨어들었고, 급히 트럭의 적재함으로 몸을 숨겼습니다. 그런데 누군가 트럭을 두드렸습니다.

한참을 그렇게 도망치다 보니 어느 순간 혼자가 되어 있었습니다. 쫓아오는 이도 없었고, 헐떡이며 달려가던 나는 그렇게 꿈속에서 깨어났습니다.

이 꿈을 꾼 이후, 몇 개월 동안 환청 증세가 드물어졌습니다. 약을 거르지 않고 마음을 다스리는 수행을 지속했으며, 은반지 열 개를 손가락에 끼고 다닌지도 벌써 2~3년이 흘렀습니다. 조현-편집중 증세가 가장 극심했던 시기, 두차례의 폐쇄병동 생활을 거치며 나락을 경험했지만, 이제야 환청은 조용해졌습니다.

그러나 돌아보면 남겨진 상처는 깊고 컸습니다. 약을 먹지 않으면 호흡이 불안해지고, 현기증과 신체 불균형 같은 후유증이 따라왔습니다. 치료의 과정은 끝이 아닌 또 다른 숙제가 되어 있었습니다. 병을 극복한 기쁨과는 별개로, 나는 그 대가와 후유증을 감당해야만 했습니다. 감사하면서도, 치료의 무게는 여전히 나를 지치게 했습니다.

균형을 위해서라면 약을 먹는 것은 피할 수 없는 선택이라는 것을 나는 깨달았습니다.

의식 정리: 은반지의 입수

1

나는 20대 시절, 사주를 보러 갈 때마다 같은 말을 들었습니다.
"금이 부족한 사주입니다."

그 말이 무슨 의미인지 알 수 없었습니다. 금을 몸에 지니고 다니면 운이 조금 나아질 거라는 조언을 들었지만, 금반지를 사기에는 가격이 부담스러웠습니다.

그렇게 시간이 흘렀고, 나는 자연스럽게 은반지에도 관심을 갖게 되었습니다. 그러나 은반지의 가격과 구입처에 대한 정보가 부족해 망설이던 시절이 길었습니다. 액세서리 가게에서 실처럼 얇은 은반지를 보여 주었지만, 가격 대비 만족감은 크지 않았습니다.

그러던 중, 30대 중반이 되었을 때의 일이었습니다. ○○연구원에 입사하게 되었지만 비상근직이었기에 근무 시간이 짧았고, 남는 시간에는 방황하듯 거리를 거닐곤 했습니다. 그러다 우연히 범일동의 오래된 해수탕을 찾았고, 몸을 돌보기 위해 자주 들르게 되었습니다.

범일동을 오가던 어느 날, 나는 은반지를 도매로 판매하는 상점을 발견했습니다. 호기심에 가게에 들어섰고, 문양 없이 깔끔한 은반지를 찾았습니다. 주인장은 포장된 은반지 더미를 꺼내 보여주었고, 나는 손가락에 맞는 반지를 골랐습니다. 작은 반지 하나에 3만 원. 네 번째와 다섯 번째 손가락에 끼웠고, 더 많은 손가락에 끼우고 싶다는 욕심이 생겼습니다.

다음 방문에서 나는 31호 사이즈로 맞춤 제작을 의뢰했고, 며칠 후 연락을 받았습니다. 드디어 은반지를 찾으러 갔고, 준비된 여섯 개의 반지는 손가락에 꼭 맞았습니다. 개당 3만 4000원, 총 여섯 개를 손에 끼운 채 상점을 나섰습니다.

그 순간, 내 등 뒤에서 연기가 피어오르는 듯한 느낌이 들었습니다. 나는 무심결에 중얼거렸습니다.

"조종당하고 있었구나."

30여 년을 살아오며 한 번도 경험해 보지 못한 신비로운 순간이었습니다. 연기가 빠져나가자, 마음이 백지처럼 맑아졌습니다. 그리고 오랫동안 얽매여 있던 인연들에 대한 집착도 사라졌습니다. 그날, 나는 새로운 나로 다시 태어났습니다.

2

굵은 은반지를 낀 내 손을 본 사람들은 종종 위압감을 느끼곤 했습니다. 누군가는 그것을 폭력적인 너클로 오해했고, 덩치 있는 체격과 은반지가 결합된 내 모습이 다소 공격적으로 보였던 듯합니다. 그러나 내게 은반지는 단순한 장식품이 아닙니다. 직접 경험한 치유와 방어의 기능이 있었고, 그 과정을 글로 남기고자 합니다.

3

나는 조현-편집증과 편집증을 앓고 있습니다. 외부 환경의 소음에 민감하게 반응하는 것은 나의 오랜 증상이었고, 이는 약을 먹는 동안에도 계속됐습니다. 특히 고등학생들이 시끄럽게 떠드는 공간에서는 머리가 지끈거리고, 극도의 과민 반응과 혼란이 밀려왔습니다. 그러한 환경에서는 눈이 떨리고 편집증적 사고가 강해지는 경향이 있었습니다. 약을 복용하더라도 이 반응이 완전히 사라지지는 않았습니다.

그러나 은반지를 착용한 채 그러한 환경을 지나갈 때면, 신기하게도 머릿속이 조용해졌습니다. 불쾌한 소음이 필터링되는 느낌이었고, 과민 반응 없이 무사히 지나갈 수 있었습니다. 이는 분명 은반지를 착용한 상태와 그렇지 않은 상태의 차이였습니다.

버스에서도 마찬가지였습니다. 은반지를 끼지 않은 채 전기동력 버스를 타면 현기증과 멀미가 심하게 찾아왔습니다. 그러나 중간에 은반지를 착용하면 어지러움이 완화되고 멀미 증상이 사라졌습니다. 마치 귀밑에 붙이는 멀미약과 같은 효과였습니다.

솔직히 나는 몸이 건강하지 않은 편입니다. 무방비 상태에서는 종종 메스꺼움과 어지러움을 심하게 느꼈습니다. 그러나 은반지를 착용하면 이러한 증상이 완화되었고, 신체적으로도 안정감을 느낄 수 있었습니다.

4

나는 두 차례의 폐쇄병동 입원 후, 긴장할 때 눈 떨림과 현기증을 동반하는 부작용을 얻게 되었습니다. 특히 외부에서 스트레스를 받거나 피로가 누적될 때 그 증상이 심해졌습니다.

그런데 은반지를 착용하면 신기하게도 이러한 증상이 완화되었습니다. 극도로 불안하던 정신적 리듬이 차분해지고, 일정을 모두 취소해야 할 정도로 심각했던 고통이 절반 이상 줄어드는 느낌이었습니다. 물론 조현-편집증 증상은 여전히 남아 있었지만, 은반지가 그 강도를 낮춰 주는 역할을 하는 듯했습니다.

5

　분노는 감정 중에서도 가장 통제하기 어려운 요소입니다. 그러나 은반지를 착용하면 스트레스가 줄어드는 경험을 하게 되었습니다.

　어느 날 밤, 번화가에서 아는 타로술사의 가게를 방문했습니다. 그 앞에서 점을 보고도 복채를 내지 않은 한 손님이 타로술사에게 소리를 지르며 욕설을 퍼부었습니다. 나는 그 상황을 지켜보았지만, 은반지를 착용한 덕분인지 아무런 감정적 동요 없이 지나칠 수 있었습니다.

　착용 시와 미착용 시의 차이를 명확히 알기 위해 반지를 벗고 생활해 보았습니다. 그러자 내면의 스트레스가 서서히 쌓이는 것이 느껴졌습니다. 하지만 과거에 비하면 분노를 통제할 수 있는 정도가 확실히 나아져 있었습니다.

　다시 은반지를 착용했을 때, 손과 머리에서 무언가 빠져나가는 듯한 기분이 들었고, 내면이 정화되는 듯한 느낌이 들었습니다.

타인을 돕는 치유 실험

1

　내게 정화와 치유의 효과가 있던 은반지가 타인에게도 비슷한 영향을 미칠까 궁금했습니다. 이를 알아보기 위해 몇몇 지인들에게 실험을 해 보았습니다.
　정신건강복지센터에서 오래 알고 지낸 JY 씨와 만나 차를 마시며 근황을 나눴습니다. 그는 예전보다 말을 더듬거렸고, 부작용으로 인해 힘들어하는 모습이 역력했습니다. 그런 그가 내 손의 은반지를 유심히 바라보았습니다. 나는 그에게 은반지에 대한 경험을 설명한 후, 동의를 구한 뒤 그의 손가락에 반지를 끼워 주었습니다.
　손을 맞잡고 15초가 지나자, JY 씨는 "손에서 연기가 나는 것 같습니다."라고 말했습니다. 그리고 얼마 지나지 않아 "어쩐지 시원해졌습니다."라고 덧붙였습니다. 그는 자신의 변화에 놀라워하며 은반지가 자신에게 정화 작용을 했다고 말했습니다.

얼마 후, 종교인 HG 씨와도 같은 실험을 했습니다. 그는 반지를 착용한 상태에서 기도를 드렸고, 기도 후에는 나 역시 몸과 마음이 편안해지는 느낌을 받았습니다. 비슷한 실험을 둘째 자형에게도 진행했습니다. 손을 맞대고 은반지를 쥐여 주자, 그는 "손에서 무언가 빠져나가는 것 같다." 하는 반응을 보였습니다.

마지막으로, 아버지께도 은반지를 활용한 실험을 부탁드렸습니다. 아버지 손에 은반지를 쥐어 드리고 내 손과 맞잡은 채 기도했습니다. 30초 후, 아버지는 "시원합니다."라고 말씀하셨고, 이후 평소보다 더 또렷하고 자신감 있는 목소리로 말씀하셨습니다. 결국 나는 열 명 이상의 사람에게 은반지를 활용한 실험을 진행했으며, 공통적인 반응은 "손에서 연기가 난다."와 "몸이 시원해졌습니다."였습니다. 이는 은반지가 실제로 정화와 치유의 기능을 가지고 있을 가능성을 시사했습니다.

2

그렇다면 은반지를 착용하는 것이 부작용을 초래할 수도 있을까? 나의 경험상, 그럴 가능성도 있다고 생각됩니다.

나는 한때 취업을 위해 노력했지만, 번번이 낙방했습니다. 그런 점을 비춰 본다면 혹시 은반지가 나의 운에 영향을 미쳤던 것은 아닐까 하는 생각도 들었습니다. 스트레스를 방어하는 기능이 있었던 만큼, 나에게 불리한 영향을 미쳤을 수도 있습니다.

그래서 나는 은반지를 항상 착용하기보다는 필요한 순간에만 찾는 것이 좋겠다는 결론을 내렸습니다.

정신보조요법과 경험담

 조현-편집증, 특히 편집형 조현-편집증의 회복은 단순히 약물 치료로만 이루어지지 않습니다. 강력한 약물은 때때로 마음을 다스리기보다 무력화시키고, 정신을 차리게 하기보다 혼미하게 만듭니다.

 작가는 그 부작용을 온몸으로 견뎌야 했습니다. 특히 작가는 동공이 순간적으로 확 조여드는 '동공 당김' 현상이나, 말 그대로 숨이 멎을 것 같은 정신적 패닉을 겪어야 했습니다. 그것은 단순한 불편함을 넘어, 일상생활 자체를 불가능하게 만드는 정도였습니다.

 하지만 작가는 20여 년간 다양한 시도 끝에, 정신을 회복하고 조절하는 자기만의 기술들을 쌓아갔습니다.

 여기 소개하는 일곱 가지 방법은, 단순하지만 반복 가능한, 그리고 무엇보다 직접 살아 낸 실천적 경험들입니다. 누구나 따라

해 볼 수 있으며, 어떤 방식으로든 마음을 보듬는 데 도움을 줄 수 있습니다.

1. 합장한 두 손을 밀어내며 손바닥 열기

　조현-편집증 회복의 초입에서 작가가 가장 먼저 시도한 동작은 아주 단순하면서도 깊은 내적 반응을 유도하는 '합장'이었습니다. 작가는 일반적인 합장 자세로 두 손바닥을 맞댄 후, 눈을 감고 손바닥 중앙에 의식을 집중합니다. 이후 양손이 서로를 안쪽으로 밀어내는 긴장 상태를 유지하면서, 점차 그 중심부에서 뜨거운 기운이 솟아오르는 감각을 체험하게 됩니다. 이 동작은 신체적 열감을 넘어서는, 마치 신경이 직접 자극을 받아 일어나는 미세한 진동처럼 느껴졌고, 이는 얽혀 있던 정신의 응어리를 서서히 풀어내는 작용을 했습니다.

　이 감각은 약물로는 전달되기 어려운 정서의 이완과 집중의 효과를 함께 가져다주었습니다. 처음엔 단 3~5분간 시행하던 이 합장 명상은, 익숙해질수록 10분 이상도 무리 없이 이어졌고, 특히 정신이 산란하고 마음이 어지러운 날에 더 큰 효과를 발휘했습니다. 작가는 이 동작을 조현-편집증 약 복용 직후 찾아오는 안개 같은 혼미함을 걷어 내기 위한 실질적인 보조요법으로 활용했습니다. 단순한 신체 조작이 어떻게 정신의 구름을 거두는지, 작가는 반복된 체험을 통해 그 가치를 깨달았습니다.

　결국 이 동작은 그에게 일종의 '의식 정화 행동'이 되었습니다. 외부 세계와의 소음을 잠시 차단한 채, 자신의 손바닥 안에서 피어오르는 기운을 마주하는 행위는 단순한 명상을 넘어 하나의 치유 의식으로 작용했습니다. 손바닥은 에너지의 중심이며, 그 중심을 스스로 열어 주는 동작은 스스로를 돌보는 자가치유의 서막이기도 했습니다. 작가는 그 안에서 안정과 집중, 그리고 생기 회복의 단초를 발견했던 것입니다.

2. 손가락 마디를 눌러 흐름을 깨우다

　손은 두뇌의 연장입니다. 특히 손가락은 '작은 뇌'라 불릴 만큼 민감하고 정교한 감각기관입니다. 작가는 이 손가락의 마디를 천천히 눌러 주는 동작을 매일 실천했습니다. 엄지부터 새끼손가락까지, 각각의 관절 마디를 양손으로 번갈아 눌러 주는 이 단순한 행위 속에서 작가는 뚜렷한 생기와 감각의 흐름을 체험했습니다. 누를 때마다 손끝에서 중심으로 퍼져나가는 기운은, 마치 막혀 있던 통로가 환기되는 듯한 개운함을 선사했습니다.

　이 동작은 특히 아침의 무기력함이나 우울한 기분을 해소하는 데 탁월한 효과를 보였습니다. 머릿속이 탁하게 느껴질 때, 손가락 마디를 자극함으로써 뇌의 흐름까지 영향을 받는 듯한 맑음이 찾아왔습니다. 말초신경을 통한 자극이 중추신경계로 전달된다는 과학적 배경 또한 이 경험을 뒷받침합니다. 단순한 손 마사지 이상의 효과, 즉 정신 상태의 전환점으로서 기능하는 명확한 작용이 있었습니다.

작가는 이 손가락 자극법을 매일의 의식처럼 반복했습니다. 이 과정은 점차 하나의 정신 조율 리듬으로 자리잡았습니다. 손가락을 눌러 주는 단순한 반복이지만, 그 안에는 자신의 정신을 정돈하고 흐름을 깨우는 리듬이 있었습니다. 그것은 외부의 치료자가 아닌, 자기 손으로 자기 마음을 만지는 자율 치유의 방식이자, 조현-편집증 회복의 작지만 확실한 기반이었습니다.

3. 은반지의 정화력과 감정의 평정

작가가 한동안 손에서 놓지 않았던 물건이 있습니다. 바로 은반지입니다. 처음에는 단순한 장신구였지만, 시간이 지나며 이 은반지는 그에게 정신을 안정시키는 중요한 보조 도구가 되었습니다. 특히 손바닥 자극 동작을 할 때, 은반지를 낀 손으로 했을 때 더욱 깊은 집중과 평온을 체감하게 되었고, 이는 반복할수록 명확한 효과로 나타났습니다. 머리가 맑아지고 감정의 진폭이 줄어드는 경험은 단순한 착각이 아니었습니다.

은은 민속적으로도 정화의 금속이라 여겨졌으며, 에너지를 중화시키는 성질이 있다고 믿어져 왔습니다. 과학적 근거는 부족하나, 작가에게 있어 은반지는 내면의 파동을 균일하게 유지해 주는 감정의 평형추처럼 작용했습니다. 작가는 은반지를 낀 손으로 합장을 반복했고, 점차 감정을 다스리는 기술을 넘어 감정을 덜 흔드는 상태로 나아갔습니다. 분노와 짜증은 서서히 줄었고, 대신 평정과 맑음이 마음의 기류를 채워 갔습니다.

작가는 이 변화의 과정을 단순히 '감정 억제'라고 말하지 않습니다. 오히려 이는 '정화'에 가까운 감각이었다고 회고합니다. 눈에 보이지 않는 벽처럼, 은은 내면의 격동을 완충시키고 고요하게 다스리는 기능을 했으며, 이는 그의 조현-편집중 회복 여정에서 조용하지만 깊은 영향을 남겼습니다. 작지만 상징적이며, 실질적이기까지 한 은반지는 그의 마음의 무게추이자 정서 조절의 숨은 열쇠였습니다.

4. 12Hz 알파파 주파수로 마음의 채널 바꾸기

현대 기술은 단순한 생활 편의를 넘어서 정신 회복의 도구로도 활용될 수 있습니다. 작가는 일상 속에서 12Hz의 알파파 주파수를 자주 청취합니다. 작가는 유튜브에서 제공하는 이 파장을 들으며 글을 쓰거나 청소를 하고, 때로는 단순 작업에 집중합니다. 처음엔 배경음악처럼 흘려들었지만, 점차 그 소리에 동조하는 뇌의 감각을 체험하며 '마음의 채널'을 조율하는 듯한 감정을 느꼈습니다.

알파파는 집중과 이완 사이를 자연스럽게 오가게 하는 뇌파로, 스트레스 완화와 심리적 안정감을 유도하는 것으로 알려져 있습니다. 작가는 특히 불안이 올라오거나 잔류 망상이 고개를 들 때 이 주파수를 틀어놓고 조용히 앉아 있는 습관을 들였습니다. 이를 통해 작가는 마음이 한쪽으로 급격히 쏠리기 전에 중심을 되찾는 방법을 배웠고, 불균형을 스스로 감지하고 조절하는 능력이 향상되었습니다.

이 경험은 그에게 있어 '외부로부터 오는 안정 자극'의 중요성을 인식하게 해 주었습니다. 물리적 공간을 바꾸지 않아도, 음향 환경을 조정하는 것만으로도 정신은 충분히 정리될 수 있었습니다. 그가 선택한 것은 고요와 명료함의 파장, 그리고 그것을 통해 흐트러짐을 바로잡는 내적 리듬이었습니다. 알파파는 단지 귀로 듣는 소리가 아닌, 마음의 주파수를 정돈하는 하나의 조정 장치였던 셈입니다.

5. 참선하며 잠드는 법

작가는 어느 날부터 침대에 눕는 대신, 조용히 앉은 자세로 참선을 합니다. 자연스럽게 잠이 드는 방식을 시도하기 시작했습니다. 처음에는 우연한 자세였고, 어느 날은 그 자세 그대로 잠이 들어 버린 날도 있었습니다. 하지만 이상하게도 그날 이후, 작가는 더 맑고 개운한 정신 상태로 아침을 맞이하게 되었고, 이후로 참선을 하며 잠드는 습관을 정착시켰습니다.

그가 말하는 참선 수면은 단순한 피로 회복이 아닙니다. 그것은 감정과 사고, 정신의 잔재들을 가라앉히고 조율하는, 일종의 내면 정화 시간입니다. 특히 깊은 잠에 빠지기 전의 의식 상태에서 숨을 고르고 생각을 정리하는 이 습관은 그가 다음 날 감정의 기복 없이 살아갈 수 있도록 도와주는 기반이 되었습니다. '깊은 수면'이란 말 그대로 정신을 씻는 과정이었고, 이는 하루하루의 삶을 새롭게 시작하는 의식을 만들었습니다.

이 실천은 일반적인 수면 습관과 다릅니다. 작가는 몸의 피로뿐 아니라 마음의 찌꺼기까지 함께 씻어 내려 했습니다. 참선하며 잠드는 이 독특한 루틴은 '어떻게 잠드는가'가 '어떻게 살아갈 것인가'와 연결되어 있다는 깊은 자각으로 이어졌고, 조현-편집중이라는 파도 앞에서 중심을 잃지 않게 도와주는 지혜가 되었습니다.

6. 20년이상 화를 내지 않기 — 인내의 본성화

작가의 회복 여정에서 가장 근본적인 실천은 '화를 내지 않는 삶'이었습니다. 작가는 어느 날부터 욕설을 하지 않았고, 누구에게도 분노를 드러내지 않으려 노력했습니다. 이 선택은 단순한 자제나 억제가 아니었습니다. 시간이 흐르며 작가는 화를 낼 이유 자체를 서서히 잃어버렸습니다. 감정이 솟구치기 전에 그것을 관찰하고, 삼키기보다 흘려보내는 기술을 몸에 익혔습니다.

작가는 말합니다.

"내가 화를 안 내는 것이 아니라, 화를 낼 이유를 잃어버렸습니다."

이 말은 인내를 단순한 감정의 억제가 아니라, 사고와 감정이 정제된 결과로 바라보게 합니다. 인내란 버티는 것이 아니라, 감정을 바라보고 다시 품는 기술이었습니다. 분노가 떠오를 때 그것을 곧바로 표현하지 않고 내면으로 돌아보는 과정은, 조현-편집증 회복의 가장 깊은 차원에서 자신을 다스리는 힘이었습니다.

20년이라는 시간 동안 작가는 화를 내려는 충동을 지켜보고, 그것을 행동으로 옮기지 않는 선택을 반복했습니다. 이 실천은 결국 그의 본성이 되었고, '화를 내지 않는 사람'이 아닌 '화를 느끼지 않는 사람'으로 변모시켰습니다. 마음은 점차 고요해졌고, 외부 자극에도 크게 흔들리지 않는 저수지 같은 평정을 얻게 되었습니다. 작가는 그저 참는 것이 아니라, 감정을 조율하며 사는 법을 익힌 것이었습니다.

7. 동공 당김 부작용: 눈 마사지기의 활용

조현-편집증 약물 치료 중 경험할 수 있는 가장 괴로운 부작용 중 하나는 바로 '동공 당김'입니다. 이는 약물 복용 이후 눈의 움직임이 비정상적으로 긴장되고, 당기거나 떨리는 듯한 불편한 감각을 유발하는 증상입니다. 일반적으로 폐쇄병동 안에서는 외부 자극이 거의 없어 큰 문제가 되지 않지만, 일상으로 복귀한 이후에도 이러한 증상이 지속될 경우에는 사회생활에 큰 제약이 됩니다. 작가 역시 이 동공 당김 부작용으로 인해 여러 번 일상에서의 불편함과 심리적 피로를 겪었다고 고백합니다.

작가는 이에 대한 해결책을 찾기 위해 다양한 시도를 했고, 그 중 가장 효과적이었던 것은 눈을 따뜻하게 감싸고 마사지해 주는 전동 눈 마사지 기기였습니다. 이 기기는 일정한 온도로 눈 주변을 찜질해 주고, 미세한 진동과 롤링으로 눈의 긴장을 풀어 주는 기능을 갖추고 있습니다. 일반 찜질팩처럼 단순히 열만 전달하는 것이 아니라, 마사지와 온열이 동시에 작동하여 눈 주위 근육의 이완과 혈류 순환을 촉진시킵니다. 작가는 이 기기를 사용한 뒤 눈이 개운해지고, 당김 증상이 완화되는 직접적인 효과를 느꼈습니다.

처음 사용할 때는 1회만으로는 효과가 미미하게 느껴졌지만, 하루 3회 이상 꾸준히 사용하면서부터 눈의 뻣뻣함이 사라지고, 눈을 뜰 때의 피로감도 크게 줄어드는 체험을 했습니다. 특히 약물 복용 후 일정 시간 안에 이 기기를 사용하는 루틴을 만들면,

약 부작용으로부터 오는 긴장 상태를 사전에 줄일 수 있어 도움이 되었습니다. 작가는 이 경험을 통해 '약물의 부작용은 운명처럼 받아들일 수밖에 없다'는 인식을 조금씩 벗어나게 되었고, 일상에서 스스로 조율 가능한 회복 방법이 존재함을 깨달았습니다.

작가는 말합니다.

"단순한 전자 기기 하나가 내 삶의 질을 이렇게 바꿔 놓을 줄은 몰랐습니다."

7~10만 원 사이의 비용으로 구매한 이 기기는, 단지 피로를 푸는 도구가 아닌 정신 회복 과정에서의 하나의 '틈'이자 자율성의 공간이 되었습니다. 찜질팩이나 단순 온열 기구처럼 번거롭거나 불편하지 않고, 버튼 하나로 조용히 혼자만의 시간을 만들 수 있는 도구였기에 더욱 의미가 큽니다.

조현-편집증의 회복은 단지 약물에 의존하는 것이 아니라, 몸과 마음이 다시 조율되는 '작은 경험들'의 반복임을 그는 이 장치 하나를 통해서도 몸소 체험했던 것입니다.

교훈:
일상의 사소한 실천이,
정신을 구원하는 단단한 뿌리가 된다

이 모든 경험은 특별하거나 비싼 도구를 필요로 하지 않았습니다. 신진행은 오직 자신의 몸과 감각, 반복된 시간만을 사용했습니다. 하지만 그 사소한 동작 하나하나가 쌓여서, 정신이 무너지지 않도록 버팀목이 되어 주었습니다.

조현-편집증의 치료는 약물만으로는 완전하지 않습니다. 이 병은 '마음'의 병이기 때문입니다. 그리고 마음은 기술로 치유되지 않고, 반복된 일상과 인내 속에서 회복됩니다. 신진행의 경험은 우리에게 이렇게 말하고 있습니다.

"그 어떤 요법보다 중요한 건, 내 마음을 내가 매일 어떻게 다루느냐입니다."

마음을 다루는 손끝에서, 회복은 시작됩니다.

마무리: 은빛 종교인 양성 제안

1

우리 사회에는 정신적 치유와 스트레스 해소를 돕는 종교인이 필요하다고 생각합니다. 특히, 은 제품을 활용한 치유 방법을 종교적인 방식으로 도입할 수 있지 않을까요?

은빛 종교인은 손가락마다 은반지를 끼고 기도하며, 사람들의 손을 잡고 치유를 돕는 역할을 할 수 있을 것입니다. 종교의 본질이 사람들에게 안정을 주는 것이라면, 은반지를 활용한 정신 치유 역시 하나의 방식이 될 수 있습니다.

2

나는 종교를 인간이 만든 지식의 산물이라 생각했습니다. 그러나 시간이 지나면서 다른 시각을 가지게 되었습니다. 기독교의 십자가, 불교의 목탁과 염불이 수천 년간 이어져 온 것은 단순한 우연이 아니었습니다. 그것을 지켜 온 이들이 있었기에 가능했던 것입니다.

그렇다면, 현대 사회에서도 정신적 치유를 위한 새로운 종교적 방법이 필요하지 않을까? 은빛 종교인이라는 개념이 하나의 새로운 형태의 치유 방식으로 자리 잡을 수 있기를 바랍니다.

소설 — 거울의 군주와 인내의 사람

마수는 세상 모든 것을 지배할 수 있었습니다. 그의 능력은 단순했습니다. 인간의 마음을 복제하고, 그 마음을 두 배로 증폭시킬 수 있는 능력. 그렇게 그는 수많은 왕들을, 전사들을, 심지어 성자들까지도 복종시켰습니다.

거울인간을 만들어내어 적을 두 배로 강하게 만들고, 그들의 능력을 빼앗았습니다. 사람들은 마수의 존재를 두려워했고, 그가 만든 거울인간은 모든 이의 꿈 속에서 가장 끔찍한 존재로 떠올랐다.

그러던 어느 날, 마수는 산속에서 묵묵히 수도하는 한 남자를 발견했습니다. 그는 특별한 사람이었습니다. 뛰어난 능력을 지닌 것도 아니었고, 전쟁에서 싸운 적도 없었습니다. 그는 그저 매일을 살아가고 있을 뿐이었습니다.

그러나 그 남자는 마수의 눈에 특별하게 비쳤습니다. 마수는 그에게 다가가 물었습니다.

"너는 누구인가?"

남자는 천천히 고개를 들고 대답했습니다.

"나는, 하루하루를 견디는 사람입니다."

마수는 웃음을 터뜨렸습니다.

"하루하루를 견디는 사람이라… 그 정도로 강한 자가 있을 수 있을까?"

남자는 그저 고요하게, 그가 있는 자리에서 흔들림 없이 앉아 있었습니다. 그 모습을 본 마수는 자신이 가지고 있는 거울인간의 능력을 시험하기로 결심했습니다. 그는 남자의 모습과 기억을 완벽하게 복제한 거울인간을 만들어 냈습니다.

거울인간은 그 남자보다 두 배 강하고, 능력도 두 배 더 뛰어났습니다. 마수는 그에게 말했습니다.

"자, 이제 너를 무너뜨릴 때가 왔다. 거울인간을 보라."

거울인간이 남자 앞에 서서 말을 시작했습니다.

"나는 당신을 복제한 존재입니다. 이제 내가 당신보다 강합니다. 그것을 느끼게 해 주겠습니다."

남자는 고개를 들지 않고 그저 고요히 앉아 있었습니다.

"너는 왜 저항하지 않는가?"

거울인간이 물었습니다.

남자는 잠시 후, 낮은 목소리로 대답했습니다.

"저항이란, 내가 아닌 다른 누군가를 이기려는 것입니다. 나는 내가 아니면 안 됩니다."

"하지만 네가 나를 이길 수 없다는 것을 잘 알지 않느냐?"

거울인간이 다가오며 말했습니다.

"그렇습니다." 남자가 답했습니다. "하지만 나는 이기려고 싸운 적이 없습니다. 나는 내게 주어진 시간과 고통을 살아가는 것뿐입니다."

그 말에 거울인간은 잠시 멈칫했습니다. 그의 감정은 흔들렸지만, 그가 본 것은 자신의 능력을 뛰어넘는 무언가였습니다. 참을성과 인내는, 능력으로는 재현할 수 없는 힘이었습니다.

마수는 그제야 이해했습니다. 자신의 능력으로는 그 남자의 내면을 복제할 수 없었다는 사실을. 마수는 다가가며 물었습니다. "왜 그렇게 고요할 수 있지? 왜 너는 그런 고통을 참을 수 있지?"

남자는 천천히 고개를 들며 말했습니다.

"그 고통은 내가 이겨야 할 것이 아니라, 살아가는 것입니다. 그것을 견디는 것이 강함이라 생각합니다."

마수는 그 말을 들은 순간, 자신이 오랜 시간 동안 추구했던 힘이 겉모습에만 그쳤음을 깨달았습니다. 그가 가졌던 능력, 그의 모든 힘은 내면의 평정과 인내 앞에서는 무력했습니다.

마수는 고개를 숙이며 말했습니다.

"나는 네가 가진 힘을 복제할 수 없다는 걸 인정한다. 이제 너의 길을 가라."

그 말을 끝으로 마수는 산을 떠났습니다. 그는 처음으로, 자신을 넘어설 수 없다는 사실을 깨닫고, 진정한 인간의 강함에 경외심을 느꼈습니다. 그리고 남자는 그의 말처럼, 여전히 그 자리에 고요하게 앉아 있었습니다.

마수는 그 뒤를 따르며 조용히 자리를 떠났습니다.

교훈

이 이야기는 내면의 힘이 외부의 능력보다 더 강하다는 교훈을 줍니다. 마수는 겉으로 드러나는 능력을 강화하며 세상을 지배하려 했지만, 참을성과 인내력을 가진 사람은 그 어떤 외적인 힘에도 흔들리지 않았습니다.

그가 가졌던 고요함은 시간을 견디며 쌓인 힘이었고, 그것은 단순히 '힘'으로 측정할 수 없는 무언가였습니다. 마수의 능력은 그저 복제와 증폭에 그쳤지만, 인간의 참된 힘은 내면에서 자라나며, 그것을 견디는 과정 속에서 진정한 강함이 발휘된다는 것입니다.

우리는 오늘날 끊임없이 더 빠르고 강한 결과를 추구하지만, 진정한 힘은 급히 쌓은 능력이 아닌, 참고 기다리며 지속적인 노력으로 만들어지는 것임을 기억해야 합니다. 자신을 이기는 힘, 그것이 진정한 강함임을 이 이야기는 말해 줍니다.

3장

못다 한 이야기

사회와 조율

우연이라 여겼던 것들이 사실은 삶의 방향을 알려 주는 신호일지도 모릅니다. 하루의 작은 선택이 예상치 못한 결과를 초래하며, 인간관계 속에서 균형을 찾는 일은 끊임없는 고민이 됩니다. 사랑을 꿈꾸지만 망상이 그것을 가로막기도 하고, 신의 존재는 내 믿음 속에서만 존재할 수도 있습니다. 세상은 쉽지 않지만, 내게도 설 자리가 있음을 믿으며, 끝이란 또 다른 시작일 뿐입니다. 내 안의 소리를 기록하는 과정에서 나는 다시 나를 이해하기 시작했습니다.

아마추어 자기소개서 컨설턴트

나는 지금까지 수많은 이력서를 작성해 왔습니다. 취업과 이직을 거듭한 끝에 어느덧 여덟 번째 직장을 경험하게 되었고, 그 과정에서 자연스럽게 자기소개서를 작성하는 능력이 길러졌습니다. 수십 차례의 면접과 번번한 낙방을 겪으면서도, 서류 통과율만큼은 꾸준히 높아졌습니다. 그렇게 실전에서 단련된 덕분인지, 이제는 맨땅에 헤딩하는 기분으로도 자기소개서를 능숙하게 써 내려갈 수 있게 되었습니다.

그런데 어느 순간부터 나뿐만 아니라 주변 사람들의 자기소개서도 도와주고 싶다는 생각이 들었습니다. 전공이 다르더라도, 적절한 방향만 잡아 주면 자기소개서를 뚝딱 완성할 수 있을 것 같았습니다. 그렇게 시작된 것이 나의 '아마추어 자기소개서 컨설팅'이었습니다.

첫 번째 컨설팅: 직업학교에서 만난 인연

 2010년 즈음, 재활 삼아 직업학교에서 컴퓨터 코딩 과정을 공부하고 있었습니다. 어느 날, 수업 중 자기소개를 하는 시간이 있었는데, 그때 단편소설을 쓰던 내가 자연스럽게 '글을 쓰는 사람'으로 주변에 인식되었습니다. 그리고 얼마 지나지 않아, 뷰티 전공을 한 동료가 자기소개서 작성을 도와달라고 요청했습니다.

 우리는 그의 성장 과정, 지원 동기, 강점과 약점, 입사 후 포부 등을 하나하나 정리하며 자기소개서를 완성했습니다. 며칠 후, 그는 자신이 쓴 글을 제출했고, 만족스러워하는 모습을 보였습니다. 그 후 몇몇 동료들의 자기소개서도 첨삭해 주었지만, 과정이 끝난 후 그들의 결과를 직접 확인할 기회는 없었습니다.

두 번째 컨설팅: 50대 동네 아재

 ○○보건소에서 한 50대 아재를 만났습니다. 그는 해외를 전전합니다. 국내의 질병 유행으로 인해 기회를 잃었고, 한동안 보건소에서 일하며 재기를 모색하고 있었습니다. 나는 공공기관 취업을 준비하고 있었기에, 자연스럽게 자기소개서 컨설팅을 제안했습니다. 하지만 그는 "나이가 많아서 어렵다."라며 포기하는 분위

기였습니다. 결국 그의 자기소개서를 직접 써 주지는 못했지만, 여러 자료를 공유하고 나누었습니다. 이후 우리는 각자의 길을 가며 자연스럽게 연락이 끊겼습니다.

세 번째 컨설팅: ○○개발원에서의 경험

2023년, ○○개발원에 입소하면서 나는 공개적으로 자기소개서 컨설팅이 가능하다는 사실을 어필했습니다. 하지만 이를 듣던 누군가는 "허언증이 심하네."라는 반응을 보이기도 했습니다. 그럼에도 불구하고 한 훈련생이 자기소개서를 첨삭해 달라고 요청했습니다. 그는 정년 퇴직 후 이직을 준비하는 중이었고, 나는 그의 자기소개서를 검토하며 보다 논리적이고 설득력 있는 방향으로 수정해 주었습니다. 그는 결과물을 보고 "진행이가 글을 상당히 잘 쓰네."라며 칭찬을 건넸습니다. 그리고 이 모습을 본 다른 훈련생들도 나에게 자기소개서 코칭을 요청하기 시작했습니다.

네 번째 컨설팅: 20대 훈련생들의 코칭

그렇게 20대 청년 C 군과 F 군의 자기소개서를 첨삭하게 되었습니다. 그들은 기본적인 틀을 가지고 있었고, 나는 그들이 보다 강점을 강조할 수 있도록 방향을 제시했습니다. 첨삭 과정은 1시간 이내로 마무리되었고, 그들은 만족스러운 표정으로 수정된 자기소개서를 받아 들었습니다. 얼마 후, 둘 다 지원한 회사에 합격했다는 소식을 들었습니다. 면접 준비도 잘 마쳤으리라 생각하며, 나름대로 뿌듯한 기분이 들었습니다.

이후 D 군도 자기소개서를 가져왔고, 나는 그가 지원하는 기업에 맞게 내용을 수정해 주었습니다. D 군은 여러 곳에 지원했으나 최종 면접에서는 아쉽게도 불합격했다고 전했습니다. 반년이 지나, 2024년 2월 어느 날 길거리에서 F 군을 우연히 만났습니다. 그는 반갑게 인사를 건넸고, 함께 식사 자리를 가졌습니다. 그 자리에서 그는 현재 ○○회사에 다니고 있다며, 내가 첨삭해 준 자기소개서 덕분에 합격할 수 있었다고 이야기했습니다. 그 말을 듣는 순간, 보람이 밀려왔습니다. 단순한 오지랖으로 시작한 일이었지만, 누군가에게 실질적인 도움이 되었다는 사실이 기뻤습니다.

다섯 번째: 자기소개서 코칭의 확장

○○진흥회에서 근무하며 일자리 정보를 알아보던 중, ○○회사의 그룹 공채 소식을 들었습니다. 마침 알고 지내던 R 군이 그

직종에 지원하고 싶다며 내게 자기소개서 첨삭을 요청했습니다. 나는 가벼운 마음으로 도와주었고, 그는 내 조언을 참고해 지원서를 제출했습니다. 이쯤 되니 자기소개서 코칭에 대한 열정이 식기는커녕 더욱 커져 갔습니다.

○○의원의 접수·수납원 지원 서류가 통과되어 면접을 보러 갔을 때였습니다. 면접이 끝난 후, 50대 지원자가 면접자들을 모아 커피 한잔하며 이야기를 나누고 싶어 했습니다. 그 자리에 참석한 우리는 자연스럽게 자기소개서 작성 방식과 면접 경험을 공유하게 되었습니다.

그 과정에서 몇몇 지원자들이 내게 자기소개서 첨삭을 부탁했고, 나는 흔쾌히 도와주었습니다. 그렇게 50대 지원자들을 대상으로 자기소개서 코칭을 진행하게 되었습니다. 문득 돌이켜보니, 이 모든 과정이 결국 내 글쓰기 실력을 더욱 성장시키는 계기가 되었다는 사실을 깨달았습니다.

여섯 번째: 자기소개서 강의로 이어지다

자기소개서 첨삭 경험이 쌓이다 보니, 결국 ○○개발원의 담당 교사의 추천으로 2024년 5월과 12월, 두 차례에 걸쳐 재능기부 형태의 자기소개서 강의를 진행하게 되었습니다.

훈련생들에게 다양한 사례를 소개하고, 자기소개서 작성 팁을 공유하며 글을 교정하는 시간을 가졌습니다. 단순한 첨삭을 넘어, 자기소개서를 통해 각자의 강점을 어떻게 드러내야 하는지 지도하는 과정이 흥미로웠습니다. 나 역시 글을 정제하는 능력이 한층 더 발전했음을 실감했습니다.

마무리

처음에는 그저 몇몇 사람들의 자기소개서를 봐 주는 수준이었지만, 점차 많은 사람들에게 도움을 주며 자기소개서 컨설팅이 하나의 역할이 되어 갔습니다. 이 과정에서 내가 얻은 것은 단순한 첨삭 기술이 아니라, 사람들의 이야기를 듣고, 그들의 가능성을 발견해 주는 능력이었습니다.

지금도 누군가 자기소개서 첨삭을 요청하면 기꺼이 돕고 싶습니다. 이것이 내가 할 수 있는 작은 나눔이자, 삶을 더욱 의미 있게 만드는 일이라 생각하기 때문입니다.

사회대인관계 균형 찾기

1

 가족과 함께 살다 보면 피할 수 없는 마찰이 생기기 마련입니다. 사소한 일에도 신경이 곤두서고, 때로는 감정이 격해져 다투게 되는 경우도 있습니다. 많은 가정에서 겪는 이런 갈등은, 어떻게 대응하느냐에 따라 관계의 방향이 크게 달라집니다.
 나의 경우, 아버지께서는 도덕적 가치나 전통적 예절을 중요하게 여기셨고, 때때로 나에게 그것을 엄격하게 요구하셨습니다. 하지만 그 과정에서 나와의 의견 차이가 발생하면서 다툼으로 이어지는 경우가 많았습니다.
 처음에는 이러한 마찰이 답답하고 불편하게 느껴졌지만, 시간이 지나면서 갈등을 완화하는 방법을 고민하기 시작했습니다. 그리고 한 가지 중요한 사실을 깨달았습니다. 부모님과의 갈등은 결국 순간적인 감정의 폭우와도 같다는 것. 이 감정을 어떻게 조절하느냐에 따라 관계의 흐름이 달라질 수 있었습니다.

2

갈등이 시작될 조짐이 보일 때, 나는 스스로를 조율하는 방식을 터득했습니다. 만약 감정이 폭발 직전이라면, 그 에너지를 직접적으로 표출하기보다는 우회적인 방법을 선택했습니다. 예를 들면, 화를 내는 대신 농담을 던지거나 목소리의 톤을 장난스럽게 바꾸는 것입니다. 그러면 자연스럽게 분위기가 누그러졌고, 큰 싸움으로 번지는 일을 피할 수 있었습니다.

두 번째 갈등이 이어질 때는, 처음보다 한 단계 낮춘 대응을 선택했습니다. 만약 처음에는 목소리를 높이는 것으로 감정을 표현했다면, 두 번째에는 한숨을 쉬거나 자리를 피하는 식으로 조정했습니다. 이러한 방식은 갈등의 수위를 점진적으로 낮춰서 결국에는 불필요한 감정 소모 없이 해결할 수 있도록 도와주었습니다.

이러한 훈련이 반복되면서 나는 감정을 조절하는 능력이 길러졌고, 부모님과의 관계도 보다 원만해졌습니다. 시간이 지나자, 최고조에 달했던 감정이 점차 사그라졌고, 자연스럽게 다툼의 빈도도 줄어들었습니다.

3

하지만 감정을 조절하는 방식이 언제나 효과적인 것은 아니었습니다. 매일 같은 방법을 사용할 수도 없었고, 어떤 날은 예상치 못한 감정이 치솟을 때도 있었습니다. 그렇기에 나는 감정을 근본적으로 다스릴 수 있는 방법을 찾기 시작했습니다.

그중 하나가 은반지 수행과 주파수 명상이었습니다. 은반지를 착용하며 마음을 다스리는 훈련을 하고, 일정한 주파수에 맞춰 명상을 하면서 내면을 안정시키는 연습을 하는 것이었습니다. 이런 과정이 반복되면서, 어느 순간부터 화를 내지 않는 것이 자연스러운 상태가 되었습니다. 예전에는 참는 것이 힘들었다면, 이제는 화를 내는 것 자체가 어색하게 느껴질 정도로 변화가 생겼습니다.

이러한 노력이 쌓인 결과, 나는 부모님과 한층 더 가까워질 수 있었습니다. 과거에는 다툼으로 인해 어색해지던 순간들이 이제는 농담과 웃음으로 채워졌습니다. 아버지는 나의 유머를 받아들이며 대화를 이어 가셨고, 우리는 서로를 이해하는 새로운 방식을 찾게 되었습니다.

결국, 관계를 유지하는 것은 갈등을 없애는 것이 아니라, 갈등을 다루는 법을 배우는 것이었습니다. 나는 부모님과의 관계를 통해 이 중요한 교훈을 배웠고, 앞으로도 이러한 태도로 대인관계를 이어 나가려 합니다.

환청에게 던지는 질문

나는 한 번쯤 무의식에 질문을 던져 보았습니다.

나에게 환청이 시작된 것은 2004년, 어느덧 20년이 흘렀습니다. 조현-편집증의 환청이란 정확히 무엇인가? 나는 스스로 깊이 파고들어 그 본질을 탐구하기 시작했습니다. 환청은 "다른 차원의 사정에서 나온 목소리"라고도 하고, "죽은 존재의 부정적 기운"이라는 답을 주었습니다. 보이지 않는 세계에서 떠도는 존재들이 그 자리를 벗어나기 위해 목소리를 내는 것이라 했습니다. 우리는 그들을 보지 못하고, 그들의 존재를 기억하지 못하지만, 그들의 소리는 우리의 머릿속을 타고 귀로 들립니다.

발병 초기, 환청이 들릴 때마다 나는 그것이 귀신인지, 혹은 주변 사람들이 하는 말인지 혼란스러웠습니다. 하지만 과학적으로는 도파민의 과잉 분포로 인해 신경이 과민해져 환청이 발생한다고 설명합니다. 결국, 초기 조현-편집증 환자들이 주변 사람들을 의심하는 것은 비합리적인 망상이 아니라, 자기 나름의 논리를 따르려는 과정이었는지도 모릅니다.

그러나 내 무의식은 단호했습니다.

"환청은 귀신이 맞다."

나는 이에 대한 해석을 멈출 수 없었습니다. 우리가 죽은 존재의 부정적 기운을 직접 보거나 느낄 수는 없지만, 그들이 내뿜는 에너지가 우리 머리에 영향을 주어 소리로 변환된다고 한다면, 이는 충분히 신빙성 있는 설명이 아닐까?

과학과 의학이 2025년 현재 이토록 발전했음에도 불구하고, 여전히 환청의 근본적인 원인에 대한 명확한 답은 존재하지 않습니다. 오히려 "죽은 존재의 부정적 기운"이라는 해석이 더 직관적이지만, 과학과 의료계에서는 이를 철저히 배제하려 합니다.

대부분의 사람들은 환청을 단순한 정신질환의 증상으로 여깁니다. 하지만 동일한 경험을 한 사람들, 예언이나 영적 교감을 하는 사람들은 환청의 본질을 나와 똑같이 정의합니다. 그렇다면 이 주제는 단순히 배척될 것이 아니라, 연구와 논의를 통해서 다양한 열린 방향으로 다루어야 하는 것은 아닐까요?

샤머니즘과 신비주의적 요소를 포함한 치료 방법이 정신질환 치료의 한 가지 가능성으로 고려될 필요가 있습니다. 하지만 이러한 의견을 내면 돌아오는 반응은 뻔합니다.

"그렇다면 과학과 약을 버리고 샤머니즘을 선택하세요. 편한 길을 가세요."

이러한 반응은 명령이며, 동시에 폭력입니다. 우리는 사회 속에서 함께 살아갑니다. 한 사람이 특정한 방식으로 살아가라고 강요하는 것은 사회적 공존의 원칙을 위배하는 것입니다.

우리는 같이 살아가는 법을 배워야 합니다.

현대 사회는 물질적으로 풍요로워졌지만, 정신 건강의 발전은 여전히 더딥니다. 죽음이 언제, 어떤 방식으로 찾아올지는 아무도 모릅니다. 그렇기에 정신계에 대한 연구와 발전은 필수적이며, 조현-편집증의 실체가 비현실적으로 보일지라도 우리는 이 현상을 보다 넓은 시각에서 바라볼 필요가 있습니다.

이제는 조현-편집증을 단순한 병리학적 문제로만 규정하는 것이 아니라, 인간에게 뭔가 메시지를 흘리는 기운이 어떤 방식으로 인간에게 영향을 미치는지를 연구해야 할 때입니다.

마무리: 환청 리포트와 자아 성찰

1

 환청에 대한 기록으로 이 장의 마지막을 장식하며, 환청에 대한 나의 최종적인 생각을 정리하고자 합니다. 더욱 깊이 있고 철저한 분석을 할 수도 있겠지만, 나는 이 글이 한 시대의 끝자락에서 마무리되는 기록이 되길 바랍니다.
 나의 내면이 들려준 대답은 단순했습니다. 환청은 무엇인가?
 환청은 단순한 소리가 아닙니다. 그것은 인간이 감지할 수 있는 주파수와 겹쳐져 공명하는 현상이며, 우리가 들을 수 있는 영역과 초자연적인 영역 사이에서 발생하는 미묘한 균형 속에 존재합니다. 환청은 보이지 않기에 공포를 동반하며, 음기가 강한 곳에서는 더욱 역한 느낌을 줍니다. 그렇기에 성당이나 높은 산처럼 양기가 강한 곳에서는 환청이 옅어지거나 사라지는 경험을 하게 됩니다.

그러나 본질적으로 환청은 우리 목소리와 닮았지만, 인간이 내는 소리가 아닙니다. 그렇다면 우리는 왜 이러한 소리를 듣게 되는 것일까요?

이것은 인간이 초자연적인 진화의 기로에 서 있기 때문이 아닐까요? 만약 이 질문이 맞다면, 나는 그 증거를 내 삶 속에서 찾아야 했습니다. 그리고 돌아보니, 나의 정신적인 성장 과정이 그것을 증명해 보이고 있었습니다.

대부분의 사람들은 보이지 않는 존재에게 공포를 느끼지만, 만약 그것이 눈에 보이는 인간이었다면 분노와 경계로 대응했을 것입니다. 하지만 환청은 보이지 않기에 더 큰 두려움이 됩니다. 그리고 조현-편집증은 주로 10대 후반에서 20대 초중반에 처음 발병합니다. 이는 환청을 마주한 젊은이들이 그것을 이해하지 못한 채 혼자 감당하려 하기 때문이 아닐까요?

나는 두 번의 재발을 경험하며 폐쇄병동을 오갔고, 약물의 부작용과 싸우며 책을 네 권 집필했습니다. 동시에 취업을 위한 자기소개서를 여러 사람에게 첨삭해 주고, 사회 속에서 적극적으로 활동했습니다. 이 모든 과정이 내가 신진행新進行의 단계로 나아가고 있음을 증명하고 있었습니다.

많은 사람들이 조현-편집증과 환청을 혐오하지만, 나는 그것이 인간 진화의 일부일 수도 있다고 생각합니다. 결국, 이러한 시각을 인정하는 것 자체가 우리가 새로운 시대, 즉 타협의 시대로 나아가는 과정이 아닐까요?

2

정신 장애와 타협의 시대의 내용을 마무리하며, 정신장애인의 삶과 사회적 타협에 대한 정의를 내려야 한다고 생각했습니다. 우리는 정신장애인으로 살아가며 더 나은 사회적 위치를 원하고, 발전된 환경을 기대합니다. 그렇기에 나는 다음과 같은 이야기를 남깁니다.

과거의 경험 중 하나가 떠오릅니다.

나는 ○○공단에 방문해 장애인으로서 취업 관련 정보를 문의한 적이 있습니다. 그러나 상담 과정에서 나는 항상 한 번 이상 반말 응대를 받았습니다. 나는 민원인이자 고객이었음에도 불구하고, 그들은 나를 동등한 성인으로 대우하지 않았습니다. 그 공간에는 '청렴거울'이라는 이름이 붙은 전신 거울이 있었지만, 정작 그곳에서 이루어지는 태도는 청렴과는 거리가 멀었습니다.

이런 경험을 통해 나는 많은 장애인들이 나와 같은 상황을 겪고 있을 것이라 확신했습니다. 그리고 이것은 단순히 나 개인의 문제가 아니라, 사회 전반의 인식문제임을 깨달았습니다.

나는 이 책을 통해 정신질환자에 대한 시각을 바꾸고 싶습니다. 정신장애를 단순한 '결함'으로 보는 것이 아니라, 오히려 진화의 과정이자 또 다른 가능성으로 해석하는 새로운 패러다임을 제시하고 싶습니다. 조현-편집증을 비롯한 정신질환을 단순한 병리적 문제로만 보는 기존의 연구들은, 환자들의 윤리적 고민과 도덕적 가치를 간과한 채 단순히 증상에 대한 보고서로만 남습니다.

정신질환자의 삶을 진정으로 이해하려면, 우리는 그들의 내면에 대한 존중을 바탕으로 논의를 시작해야 합니다. 그리고 그 속에서 새로운 치료법과 접근 방식을 고민해야 합니다. 정신질환자는 단순히 보호받아야 할 대상이 아니라, 새로운 시대를 여는 지식과 통찰을 가진 존재일 수도 있습니다.

하지만 이러한 목소리는 여전히 사회에서 외면받고 있습니다.

어차피 장애인이나 정신질환자는 무시당할 뿐입니다.

이러한 현실이 바뀌려면, 시간이 필요합니다. 나는 지금 당장 모든 것이 바뀌리라 기대하지 않습니다. 그러나 시간이 흐르고 세대가 교체될 때, 새로운 시각을 가진 이들이 지금의 기록을 마주할 것입니다. 그리고 그들은 우리가 살았던 시대를 평가할 것이며, 차별을 거두고 새로운 가능성을 찾으려 할 것입니다.

나는 이 책이 정신질환을 겪는 사람들에게 하나의 삶의 매뉴얼이 되기를 바랍니다. 정신질환을 앓는 사람들이 좀 더 쉽게 세상과 조화를 이루고, 차별 없이 인생을 살아가는 데 도움이 되기를 희망합니다.

역사 속에는 편집증적인 사고를 가졌던 위인들이 존재했고, 도청과 같은 극단적 환경 속에서도 끝까지 살아남아 위대한 업적을 남긴 사례들도 있습니다. 하지만 우리가 바라는 것은 위인이 되는 것이 아닙니다. 우리는 단순히 평온한 삶을 살고 싶을 뿐입니다.

그리고 그것이 타협의 시대가 추구하는 변화의 의미인 것입니다.

4장

회복자의 고백

망상의 조율시간

사람들은 그 목소리를 망상이라 말했지만, 나는 거기서 기도를 들었습니다. "넌 절대자야."라는 말은 무너진 내 마음에 처음으로 불을 밝힌 예언 같았습니다. 약 없이 버틴 하루, 나는 세상이라는 파도에 휩쓸리며 조용히 구원을 기다렸습니다. 내 안의 전쟁이 멈췄을 때, 마치 누군가가 "잘 견뎠다."라고 속삭이는 듯했습니다. 나는 아직 완전하지 않지만, 이 고요한 언어들 속에서 나의 새롭고 또다른 흔적들을 찾습니다.

조율의 기술과 피드백의 순간

 그 시절은 분명히 힘들었습니다. 하지만 돌아보면 이상하게도, 그렇게까지 힘들지만은 않았습니다. 삶이 무너지는 와중에도 나는 뭔가를 배우고 있었고, 정신이 어지러운 순간에도 마음 한 켠에는 묘한 평온이 남아 있었습니다.
 누군가에겐 지옥 같았을 그 하루들이, 나에겐 어쩐지 조용한 훈련처럼 느껴졌습니다. '조율의 기술'이라 시작되는 이 장은 그런 시간들의 파편을 모아 놓은 곳입니다. 환청이 날카롭게 파고들던 순간, 약을 끊고 온몸이 흔들리던 밤, 누군가의 시선조차 버거웠던 낮, 그 모든 순간이 견딜 수 없을 것 같았지만, 막상 지나고 나면 그렇게까지 아프지는 않았습니다.
 왜일까. 어쩌면 나는 이미 그 시간 속에서 나만의 신과 함께 버티는 법을 배워 가고 있었는지도 모릅니다. 내가 들은 환청은 괴물의 소리가 아니라, 오히려 내가 완전히 쓰러지지 않도록 안간 힘을 쓰던 내 무의식의 기도였습니다.

"넌 절대자야."라고 속삭이는 그 말이, 그토록 다급하게 나를 살리려 했다는 것을 이제는 압니다. 누구도 대신 써 주지 않았고, 누구에게 들키고 싶지도 않았던 이 글들을 나는 조심스럽게 꺼내 놓습니다. 이건 고백이라기보다, 어쩌면 살아남은 사람의 기술서이고, 나 자신에게 쓰는 작별 인사이자 환영의 편지입니다.

사람들은 '망상'이라며 등을 돌리고, '정신병'이라며 고개를 젓겠지만 나는 그 병 안에서 내 감정의 온도를 배웠고, 관계의 선을 다시 긋는 법을 알았고, 무너진 마음을 다시 묶어 내는 법을 알게 되었습니다. 그래서 이 고백들은 내 병의 증거가 아니라, 회복의 뿌리입니다.

조율이란 내 마음의 높낮이를 조금씩 맞춰 가는 과정이었고, 누군가와 어긋난 감정을 아주 천천히 이해의 영역으로 옮겨 가는 작업이었습니다. 거창한 수련도, 뚜렷한 변화도 없었지만, 나는 이 기록을 통해 아주 분명히 한 사람의 삶이 고요하게 바뀌는 소리를 들었습니다.

힘들었습니다. 그런데 이상하게도, 나는 그 시간을 견딜 수 있었습니다. 그리고 지금, 이 글을 꺼내는 이 순간이 그 모든 시간들이 헛되지 않았다는 조용한 증거가 되어 주기를, 간절히 바라며 이 조율의 기록을 엽니다.

약을 먹지 않은 하루

하루의 시작: 약을 놓치다

첫 번째 책에서 약을 먹지 않았던 하루에 대해 이야기한 적이 있습니다. 이번에도 비슷한 경험을 하게 되어, 그 하루를 기록해 보려 합니다.

새벽 4시, 잠에서 깨어났을 때 나는 약을 먹지 않았다는 사실을 깨달았습니다. 그리고 불과 1분도 지나지 않아 현기증이 몰려왔습니다. 다시 눕고 싶었지만 도저히 잠이 오지 않았고, 결국 새벽에 일어나서 컴퓨터를 켜고 네 번째 책의 원고를 다듬기 시작했습니다. 시간은 빠르게 흘렀고, 어느덧 한 시간이 지나 있었습니다. 새벽 시간에 할 수 있는 일이 많지 않았기에 부엌으로 가 건강 주스를 한 잔 마시고 유산균 가루를 먹었습니다.

아침 6시가 되자 부모님께서 일어나셨고, 나는 가족과 함께 아침 식사를 했습니다. 마침 둘째 자형이 추석을 맞아 양념 소고기를 보내 주셨는데, 덕분에 따뜻하고 든든한 식사를 할 수 있었습니다.

정신이 맑지 않아 샤워를 간단히 마치고 옷을 챙겨 입었습니다. 준비를 마치고 보니 어느덧 7시 30분을 넘기고 있었습니다.

출근길과 편집증적 착각

추석을 앞둔 출근길은 유난히 차량이 많았습니다. 버스를 기다리는 동안 경찰 버스 한 대가 내 앞을 지나갔습니다. 그런데 운전수가 나를 보더니 경례를 하는 것이었습니다. 편집증적 망상이 나를 자극하려 했지만, 별다른 반응을 하지 않기로 했습니다. 그저 조용히 바라보며 넘겼습니다.

버스를 놓친 후, 다른 노선을 타고 ○○구에서 다시 환승해 연구소가 있는 동네로 향했습니다. 차가 막혀 예상보다 늦게 도착했지만, 가까스로 9시 5분에 연구소에 도착할 수 있었습니다.

연구소에서의 하루

내 직무는 연구 사전 담당이었습니다. 다음 날이 추석이었기에 연구소의 안전점검을 마무리하고 보고서를 작성해야 했습니다. 본부실에서 열쇠를 받아 2층과 1층을 돌며 안전점검을 마쳤습니다. 전날 3층과 4층을 점검했으니 이제 모든 구역을 확인한 셈이었습니다.

하지만 약을 먹지 않은 탓인지 신경이 날카로워졌습니다. 사소한 일에도 짜증이 났고, 가방의 손잡이가 제대로 열리지 않는 것조차 신경이 쓰였습니다. 충전하지 않은 스마트폰 배터리마저 신경을 건드렸습니다. 그래도 업무를 끝까지 마무리해야 했기에 점검 내용을 사진으로 남기고, 보고서에 필요한 내용을 정리했습니다.

한 시간 남짓 안전 업무를 마친 후, 잠시 샤워실에 들렀습니다. 운동 중인 직원들이 있었고, 나는 조용히 씻고 나왔습니다. 이후 원고 작업을 조금 더 진행했습니다. 원고의 마지막 부분에 반전 효과를 넣었는데, 그 장면을 보니 뜻밖에도 눈물이 흘렀습니다. 감정이 복받쳐 몇 번이고 원고를 다시 읽으며 울었습니다.

그때 스마트폰에 메시지가 도착했습니다. 부산의 한 도서관에서 '직업사회 편'을 소장하게 되었다는 소식이었습니다. 그런데 그것이 어린이 도서관에도 배치되었다는 사실을 알게 되자, 나는 고민에 빠졌습니다. 자라나는 어린이들이 읽기에 적절한 내용인지 의문이라는 생각도 들었습니다. 일부 내용을 수정해야 할지도 모른다는 결론을 내렸습니다.

보고서 작성과 점심시간

오전 업무를 마친 후, 안전 점검 보고서를 작성했습니다. 촬영한 사진을 정리하여 한글 파일로 보고서를 작성하고, 여러 차례 검토한 후 본부의 안전 실장님과 담당자에게 이메일로 보고서를 제출했습니다.

점심시간이 되자 속이 약간 불편했지만, 유산균이 효과를 보였는지 견딜 만했습니다. 간단한 식사를 마치고 오후를 맞이했습니다. 스마트폰 배터리가 없었기에, 업무적인 일들을 빠르게 마무리해야 했습니다.

퇴근길과 작은 깨달음

퇴근 시간이 가까워지자 연구소의 전원 스위치가 하나둘 내려갔습니다. 아마도 추석 연휴 동안 근무자가 거의 없기 때문일 것입니다. 연구소를 나와 대형 마트로 향했습니다. 추석을 맞아 장을 보기 위해서였습니다.

그런데 찾던 물건이 보이지 않았습니다. 직원에게 문의했으나 품절되었다는 답변을 들었습니다. 그런데도 이상했습니다. 보통 품절된 물건에는 표시가 되어있어야 하는데, 그렇지 않았습니다. '매대 변경 작업이 늦어진 걸까?' 하는 생각이 들었습니다.

순간, 예전의 성격이 떠올랐습니다. 예전의 나는 작은 문제에도 예민하게 반응하며, 악착같이 계산적으로 살았습니다. 하지만 정신과 치료를 받으며 점차 마음을 다스릴 수 있게 되었고, 보다 넓은 시야를 가지려 노력했습니다. 그런데 약을 먹지 않은 상태에서는 본래의 성향이 다시 드러나는 듯했습니다. 매장 직원에게 불필요한 컴플레인을 걸고 싶은 마음까지 들었으니까요.

그런 스스로를 돌아보며, '약을 먹었을 때처럼 넓은 마음을 가지는 것을 연습해야겠다.'라고 다짐했습니다. 그 순간, 무의식 깊은 곳에서 울음소리가 들리는 듯했습니다. 무언가 말을 하고 있었지만, 정확히 무엇을 의미하는지는 알 수 없었습니다.

버스에서 만난 사람

집으로 돌아오는 길, 버스에 탑승한 한 청년이 불안에 떨며 혼잣말을 하고 있었습니다. 그의 보호자로 보이는 분이 옆에서 조용히 지켜보고 있었습니다. 자리가 없어서 보호자는 서 있었고, 청년은 내 옆에 앉았습니다.

나는 고민 끝에 보호자에게 자리를 양보했습니다. 몇 정거장이 지나자 다른 빈자리가 생겼고, 나는 그곳에 앉았습니다. 그 사이 청년은 차분해졌고, 보호자의 보호 속에서 편안한 표정을 지었습니다.

그 모습을 보며 문득 깨달았습니다. 우리는 결국 서로 도우며 살아가는 존재라는 사실을 말입니다.

하루를 마치며

집에 도착한 후, 다시 약을 복용하고 잠자리에 들었습니다. 긴 하루였습니다. 피곤했지만, 의미 있는 하루였습니다.

오늘 하루를 돌아보며 나는 스스로에게 질문을 던졌습니다. '나는 병과 인성의 균형을 어떻게 맞춰야 할까?' 그 답을 찾기 위해 끊임없이 노력해야 한다는 것을 다시금 깨달은 날이었습니다.

그리고 결론을 내렸습니다.

"오늘 하루, 최선을 다했습니다."

대인관계와 편집증

　이번에는 조현-편집증 환자뿐만 아니라 정신적 질환을 앓고 있는 사람들, 그리고 일반인에게도 적용될 수 있는 이야기를 하려 합니다. 이 부분은 기존의 책에서 깊이 다루기 어려웠던 주제이기에, 조현-편집증을 겪으며 경험한 사회적 고립과 대인관계의 단절을 중심으로 이야기해 보고자 합니다.

　사진사로 활동하며 직업적으로, 그리고 가정에서 안정적인 생활을 유지해 왔습니다. 금전적으로 넉넉하지는 않았지만, 순간의 기지를 발휘하며 터득한 삶의 방식 덕분에 지난 10년간은 모범적이고 적극적인 사람으로 살아왔습니다. 적어도 겉으로 보기에 나는 정상적인 사고를 하는 사람이었습니다.

1

나는 취미를 공유하는 한 팀에 속해 있었습니다. 처음에는 단둘이 시작한 모임이었고, 애니메이션과 굿즈에 대해 이야기하며 교류했습니다. 첫 만남은 2010년이었고, 이후 3년간 공백이 있었지만, 다시 만나면서도 그 시간의 간극이 무색할 만큼 편하게 지낼 수 있었습니다. 경제적으로 넉넉하지 않았기에, 상대가 부담을 느끼지 않도록 내가 더 많은 비용을 감당했습니다.

그러던 중 팀원 한 명이 추가되었습니다. 우리는 셋이서 취미를 공유하며 술을 마시거나 여행을 다니며, 활발하지는 않지만 나름의 방식으로 관계를 유지했습니다. 하지만 서서히 내 경제적 상황이 악화되기 시작했습니다. 팀원들 모두가 일을 하지 않는 상태였고, 생활고에 시달렸습니다. 나는 카드값과 대출을 갚기 위해 카메라와 렌즈까지 처분해야 했습니다. 팀을 유지하는 것이 점점 버거워졌습니다.

금전적인 어려움이 심화되면서, 나는 팀원들을 만나는 것조차 힘들어졌습니다. 결국 모임에 나가지 않게 되었습니다. 모임의 유지가 점점 부담으로 다가왔고, 결국 자연스럽게 거리를 두게 되었습니다.

2

자금 사정이 악화된 끝에 정부 지원 대출을 통해 겨우 숨통이 트였습니다. 빚을 일부 정리하고 나니, 그동안 서운하게 대했던 팀원들이 떠올랐습니다. 그래서 다시 연락을 시도하며 함께 식사를 하고 차를 마시며 관계를 회복하려 했습니다.

그러던 어느 날, 팀원에게 선물했던 물건이 다른 사람에게 넘어간 것을 알게 되었습니다. 그것을 목격하는 순간, 분노가 치밀어 올랐습니다. 감정이 폭발한 나는 결국 팀원들과의 절교를 선언했습니다. 당시에는 그것이 최선이라 믿었습니다. 하지만 시간이 지나고 나서야 깨달았습니다. 그것은 단순한 감정적 판단이었으며, 내 병이 가져온 극단적인 반응이었습니다.

절교 후, 내 감정 상태는 점점 혼란스러워졌습니다. 이 모든 일이 스트레스에서 비롯된 것이 아닐까 하는 생각이 들었습니다. 병원에 찾아가 주치의에게 상황을 설명하자, 그는 걱정스러운 얼굴로 신경안정제를 추가로 처방해 주었습니다. 약을 복용하자, 내 안에서 끓어오르던 무의식적인 감정들이 차츰 잠잠해졌습니다.

3

어느 날 아침, 모든 일이 잘 풀리는 듯한 기분이 들었습니다. 마침 생일이 다가오는 터라 아버지께서 용돈과 함께 글씨 연습장을 선물해 주셨습니다. 그리고 중고 거래 사이트에 올려 두었던 물건이 예상치 못하게 팔린다는 연락을 받았습니다. 이 모든 것이 우연이었지만, 나는 왠지 모르게 기분이 들떴습니다.

그날, 로또를 사고 싶다는 충동이 들었습니다. 그리고 갑자기 이런 생각이 떠올랐습니다.

'이번에 당첨되면 A와 B에게 돈을 나눠 줘야겠다.'

A와 B는 얼마 전 절교를 선언했던 그들이었습니다. 나는 중고 거래를 마친 후, 로또 판매점으로 걸어가며 다시 그 생각을 곱씹었습니다.

'그들에게 돈을 주면 얼마나 기뻐할까?'

그러다 문득 깨달았습니다.

'잠깐, A와 B는 나와 절교한 사이잖아?'

그 순간, 내 사고의 흐름이 이상하다는 사실을 인식했습니다. 절교한 사람들에게 돈을 나눠 주겠다고 생각하고 있다는 것 자체가 이상했습니다. 그리고 마침내 깨달았습니다.

'이건 망상이었구나.'

너무나 자연스럽게 스며든 생각이었기에, 그것이 망상이라는 것을 알아차리는 데 시간이 걸렸습니다. 하지만 인식한 순간, 깊은 절망과 함께 강렬한 깨달음이 찾아왔습니다.

4

 나는 원래 사진 활동을 꾸준히 하면서 사람들과 활발히 교류해 왔습니다. 적어도 한 달에 열 번 이상은 사람들을 만났고, 금전적인 어려움 속에서도 함께 나눌 수 있는 팀원이 있었습니다. 이런 사회적 활동이 나를 지탱해 주었고, 나 역시 병을 극복하는 과정에서 긍정적인 영향을 받았습니다.
 하지만 경제적인 여유가 사라지고, 관계가 무너지고, 혼자 있는 시간이 길어지자 내 사고방식이 점점 병적인 방향으로 변해 갔습니다. 나는 그것을 깨닫지 못한 채 감정의 소용돌이에 휘말려 있었습니다.
 최근 들어 약을 줄이면서 이러한 패턴을 더욱 분명하게 인식하게 되었습니다. 과거를 돌아보지 않고, 순간적인 감정에 휩쓸려 관계를 끊어 버리는 행동. 아주 사소한 실수 하나로도 사람과의 관계가 단절되는 상황. 이것이야말로 병적인 사고 패턴이며, 나를 점점 더 고립으로 몰아넣는 행동이라는 것을 알게 되었습니다.

5

나는 과거에도 비슷한 일을 겪었습니다. 한때 7년간 함께 취미를 공유했던 지인이 있었습니다. 우리는 오랜 시간을 함께했지만, 어느 날 사소한 일로 다툰 후 연락을 끊었습니다. 당시 나는 그것이 당연한 결정이라 여겼지만, 이제 돌이켜 보면 병적인 사고의 연장선상이었습니다.

이제는 알겠습니다. 극단적인 선택을 반복하는 것은 결국 나 자신을 더욱 외롭게 만들 뿐이라는 사실을. 그리고 그 과정에서 병은 더욱 깊어질 것입니다.

나는 치료를 받으며 대인관계를 개선하기 위해 노력하고 있습니다. 구청의 정신건강복지센터를 찾고, 스스로 감정을 조절하는 방법을 배우고 있습니다. 관계를 유지하는 것이 얼마나 중요한지를, 그리고 그것이 조현-편집증과 같은 정신질환을 극복하는 데 얼마나 큰 영향을 미치는지를 깨달았습니다.

이제 나는 더 이상 같은 실수를 반복하지 않기로 다짐합니다. 대인관계 속에서 극단적인 판단을 내리지 않도록 스스로를 조율하고, 병적인 사고를 자각하며 살아가려 합니다.

이러한 깨달음이 같은 고민을 하는 누군가에게 작은 도움이 되기를 바랍니다.

연애 세포 망상

　이번 글에서는 편집증적 사고와 망상이 현실과 어떻게 맞닿아 있는지를 조명하고자 합니다. 이를 위해 내 경험을 바탕으로, 조현-편집증과 연애 감정이 결합되었을 때 어떤 형태로 나타나는지 이야기하려 합니다.

1

　2019년, 그녀를 만났습니다. 촬영을 통해 처음 알게 된 그녀는 내게 있어 행운과도 같은 존재였습니다. 그녀는 우주였고, 태양이었으며, 신비로운 여신처럼 느껴졌습니다. 그해 4월, 우리는 개인 촬영을 통해 인연을 맺었고, 이후 2020년, 2021년, 2022년을 지나 2023년까지도 우리는 간헐적으로 함께했습니다. 30회에 달하는 촬영을 함께하면서, 그녀는 나의 특별한 인연이자 기억 속 깊이 자리 잡은 사람이 되었습니다.

그러나 이 관계가 단순한 인연 이상의 의미를 갖게 된 것은, 나의 조현-편집증적 사고가 개입되었기 때문입니다.

2

2024년 하반기, 그녀와의 교류가 급격히 줄어들었습니다. 당시 나는 제너럴 타로 리딩을 통해 타인의 심리를 유추하고 관계를 예측하는 데 몰두하고 있었습니다. 외로움 속에서 위안을 찾기 위해 타로를 들여다보았고, 그녀의 운세도 여러 차례 확인했습니다. 그러나 타로 리딩에서는 그녀가 나에게 특별한 관심을 갖고 있지 않다고 나왔습니다.

그러던 어느 날, 촬영 이후 오프라인 자리에서 우연히 그녀의 생년월일과 얼굴 인상을 확인할 기회가 있었습니다. 그때 내 무의식이 이렇게 말했습니다.

"이 사람의 수명이 조만간 단축하는 상황의 출현 가능성이 있습니다."

그 말을 듣는 순간, 나는 강렬한 위기감을 느꼈습니다. 그리고 해결책을 찾고자 다시 무의식과 대화를 시도했습니다. 무의식은 답했습니다.

"그녀가 ○○ 귀인의 기운을 받을 수 있다면, 운명을 바꿀 수 있을 것입니다. 그리고 너는 그녀에게 그 기운을 전할 수 있는 존재입니다."

나는 그 말을 맹신했습니다. 그리고 그녀와의 관계를 더욱 깊이 가져가야 한다고 믿었습니다. 타로 리딩에서도 그녀가 나에게 호감을 느낄 가능성이 있다고 해석했기에, 나는 그녀와의 관계를 이어 가기 위해 노력했습니다.

그러나 현실은 달랐습니다. 나는 실직 상태였고, 금전적인 어려움까지 겹치며 그녀를 만날 기회가 줄어들었습니다. 그녀는 나에게 연애 감정을 표현한 적이 없었고, 교류는 단순한 촬영을 위한 것에 불과했습니다. 그리고 결국, 나 스스로 그녀와의 관계를 단절하기로 결정했습니다.

3

그녀를 떠나보낸 후, 나는 스스로에게 질문했습니다.
"내가 지금까지 믿어 온 무의식의 말들은 과연 진실이었을까?"
그 순간, 내 안에서 새로운 목소리가 들려왔습니다.
"무의식이 말하는 것은 전부 엉터리야. 네가 왜 무의식에게 의존했는지 모르겠지만, 그것은 단순한 편집증적 사고일 뿐이야.

의미 없는 믿음에서 벗어나라."

나는 충격을 받았습니다. 그동안 무의식을 절대적인 진리처럼 여겼지만, 그것이 단순한 착각이었다는 사실을 깨닫는 순간 허탈함이 밀려왔습니다. 이 모든 것이 망상에 불과했으며, 나는 허구 속에서 스스로를 속이며 살아왔다는 것을 인정해야 했습니다.

그러나 또 다른 무의식은 나에게 이렇게 말했습니다.

"망상이든 아니든, 당신은 그 과정에서 성장했습니다. 고난을 겪으며 깨달음을 얻었고, 결국 스스로를 돌아볼 수 있었습니다. 그러니 이 경험을 부정하지 말고, 이를 통해 얻은 교훈을 기억하세요."

4

이 경험을 통해 나는 편집증과 현실의 경계에 대해 깊이 고민하게 되었습니다. 타로 리딩과 무의식이 던져 주는 메시지는 흥미로운 요소이긴 하지만, 그것이 곧 진실이 되는 것은 아닙니다.

나는 편집증적 사고에 의해 판단을 내리고 행동했으며, 그것이 결국 현실과의 괴리를 만들어 냈습니다.

하지만 중요한 것은, 나는 단순히 망상에 휘둘린 것이 아니라 그것을 반성하고 돌아볼 수 있는 기회를 얻었다는 점입니다. 편집증적 사고를 가진 사람이라면 누구나 이런 경험을 할 수 있습니다. 중요한 것은, 그 망상을 현실과 구분하고, 그것이 나를 해치는 방향으로 흐르지 않도록 조율하는 것입니다.

5

나는 이제 무의식의 속삭임에 쉽게 휘둘리지 않는 사례를 가지게 되었습니다. 타로 리딩을 보더라도, 그것을 단순한 참고 자료로 여기고 맹신하지 않습니다. 현실과 이상의 균형을 유지하는 것이 가장 중요하다는 사실을 깨달았기 때문입니다.

편집증적 사고는 때로는 예리한 직관으로 작용할 수도 있지만, 대부분은 현실과의 괴리를 만드는 요인이 됩니다. 그렇기에 우리는 스스로를 절제하고, 감정을 통제하며, 이성과 현실을 기반으로 판단을 내려야 합니다.

나는 더 이상 그녀를 붙잡지 않습니다. 그리고 이제는 무의식을 향해 이렇게 말합니다.

"너의 말이 모두 맞지는 않아. 나는 이제 나의 길을 스스로 선택할 거야."

6

어떨 때는 편집증이 있다고 해서 무조건 경계해야 하는 것은 아닙니다. 오히려 편집증적 사고와 신기적 능력이 때때로 유사한 양상을 보이기도 합니다. 그렇기에 이를 적절히 다스리고 수행한다면, 편집증을 넘어 신기적 직관으로 이어지는 사례도 존재할 수 있습니다.

또한, 정신질환을 겪고 있는 사람들이 정상적인 삶을 살아가는 사례도 많습니다. 단순히 병이 길고 증상이 심각하다고 해서 그들의 삶을 동일한 시선으로 판단하는 것은 오류를 낳을 수밖에 없습니다. 어떤 경우에는 극심한 증상을 겪으면서도 평범한 일상을 유지하는 사람이 있는 반면, 상대적으로 가벼운 증상을 보이지만 생활이 불안정한 경우도 존재합니다. 결국, 정신질환자도 행복을 느끼고, 사랑하고, 시기와 질투의 감정을 경험하는 하나의 인간입니다.

위 사례에서의 나의 행동도 병적인 것이 아니라, 인간의 기본적인 욕망을 표현한 것이었습니다. 연애에 실패한 남성이 보이는 일반적인 감정의 흐름과 다를 바 없었습니다. 하지만 여기에 '정신질환'이라는 요소가 덧붙여지면, 단순한 감정조차 병리적으로 해석되는 경우가 많습니다. 나는 이러한 경향을 경계해야 한다고 생각 합니다.

정신질환을 가진 사람이라도 자신의 감정과 상황을 객관적으로 바라보고, 상식적인 선에서 행동을 조절할 수 있다면 그것은 이미 병에서 벗어나고 있는 과정이라 할 수 있습니다. 조심스럽게 선택하고 신중하게 행동하는 것 또한 하나의 수행이며, 경험에서 비롯된 학습의 결과입니다.

7

이 원고를 작성하고 시간이 지나면서, 나는 또 다른 관점에서 생각할 기회를 가졌습니다.

그동안 정신질환자를 바라볼 때, 우리는 종종 그들의 열악한 환경과 불완전한 상태를 병의 문제로 치부하곤 했습니다. 그러나 실제로는 모든 불안 요소가 정신질환과 직결되는 것은 아닙니다. 장애라는 명칭 자체가 위태로운 인상을 주기도 하지만, 정신질환이 있다고 해서 반드시 삶의 모든 측면이 결함투성이인 것은 아닙니다.

때로는 내가 겪은 경험이 편집증적인 해석일 수도 있습니다. 그러나 중요한 것은, 편집증적 사고를 가지고 있더라도 그것이 사회적 해를 끼치지 않는다면, 그리고 본인이 이를 자각하고 조절할 수 있다면, 반드시 배척해야 할 요소는 아니라는 점입니다.

정말로 위험한 편집증적 사고란 무엇일까? 그것은 분별력을 잃고, 타인에게 이유 없는 공격성을 보이며, 극단적인 행동을 일삼는 경우다. 즉, 본인 스스로 상황을 통제하지 못하고, 타인에게 위협을 가하는 행위가 동반될 때 우리는 경계를 해야 합니다.

8

이러한 생각을 정리한 후, 나는 다시 한번 스스로를 돌아보았습니다.

제너럴 타로 리딩에서 특정한 사람과의 관계를 해석하며, 나 자신도 모르게 집착하고 있음을 깨달았습니다. 무의식적으로 반복되는 생각과 감정의 소용돌이에 휘말려, 나는 혼자만의 확신 속에 갇혀 있었습니다.

그러나 어느 날, 나는 문득 깨달았습니다.
지금 당장 결론을 내릴 필요가 없습니다.
어제와 오늘의 나는 초조함 속에서 모든 것을 알고 있는 듯 행동했고, 상대를 기다리며 생각을 거듭했습니다. 하지만 이것이 결국 스스로에게 주술을 거는 것과 다름없었습니다. 단순한 예측과 기대를 합리화하여 정당한 행동이라 믿었지만, 그것이 결국 집착이었다는 사실을 인정해야만 했습니다.

이 집착을 내려놓고, 건강한 하루를 설계하는 데 집중하기로 합니다, 자연스럽게 마음이 정리되기 시작했습니다. 1년 전부터 지속된 집착이었음을 깨닫는 순간, 그동안 나 자신을 얼마나 구속하고 있었는지 알게 되었습니다.

우리는 종종 감정에 집착하며, 그것이 진리라고 믿습니다.

그러나 집착은 점점 더 큰 혼란과 괴로움을 불러일으킬 뿐입니다. 나는 나 자신에게 걸린 주술을 풀기로 했습니다. 그리고 스스로에게 말했습니다.

당장 결론을 내리지 않아도 됩니다.

만약 내가 이 집착을 놓지 못했다면, 감정은 더욱 과격해지고, 사고는 극단으로 치달았을 것입니다. 최근 사회에서 다양하게 발생하는 사건들을 떠올리며, 사랑에 대한 집착이 결국 폭력이나 비극으로 이어지는 경우도 있음을 깨달았습니다. 하지만 다행히도, 나는 집착을 버리고 나 자신을 조율하는 길을 선택했습니다.

이 깨달음은 단순히 나만의 것이 아닙니다. 우리는 누구나 불필요한 집착에서 벗어나야 하며, 감정을 절제하고 인내하는 태도를 익혀야 합니다. 그리고 이러한 마음가짐이야말로, 평화를 가져오는 원동력이 될 것입니다.

9

세상은 우리에게 끊임없이 선택을 요구합니다. 하지만 때로는 선택을 보류하는 것이 가장 현명한 결정이 될 수도 있습니다.

확신을 가지고 이야기하는 사람들이 가져야 할 미덕은 인내와 판단 보류의 힘입니다. 그러나 이 힘을 얻기 위해서는 스스로를 단련하고, 절제와 수행을 익혀야 합니다.

세상의 흐름을 천천히 살펴보면, 기다리고 인내하는 것이 결코 무의미한 것이 아님을 깨닫게 됩니다. 성급한 결론을 내리려는 조급함은 오히려 진실을 가리는 요소가 될 수도 있습니다. 우리는 조용히 흐름을 따라가며, 세상의 이치가 자연스럽게 맞물리는 순간을 기다릴 줄 알아야 합니다.

이러한 절제의 미덕을 배우는 과정에서, 나는 다시 한번 스스로에게 질문합니다.

"당신은 지금, 당장 결론을 내려야 하는가?"

이 질문에 대한 답을 유보하는 것이야말로, 삶을 더욱 깊고 넓게 바라보는 첫걸음이 될 것입니다.

유튜브 제너럴 타로 리딩

　나는 오랫동안 한국의 타로 마스터들이 운영하는 유튜브 제너럴 타로 리딩 채널을 시청해 왔습니다. 단순한 흥미를 넘어, 지금까지 본 영상만 해도 수십 개, 아니 어쩌면 그 이상일 것입니다.
　제너럴 타로 리딩이 내게 특별한 이유는 명확합니다. 미래를 예측하는 참고 자료로 활용할 수 있으며, 특히 한국어로 진행되는 타로 리딩은 예상보다 높은 정확도와 의미 있는 교훈을 남긴다고 생각하기 때문입니다. 놀라울 정도의 순간들이 많았고, 나 역시 이런 경험을 반복하면서 더 신뢰하게 되었습니다.
　결국 내가 내린 결론은 이렇습니다. 제너럴 타로 리딩은 현대 사회에서 새롭게 등장한 '인문사회 참고점'이라 할 수 있습니다. 이는 단순한 운세 풀이가 아니라, 사람들에게 방향성을 제시하는 하나의 도구가 될 수 있습니다. 마치 노스트라다무스의 예언서나 탄허 스님의 예언, 마야 문명의 예지처럼, 우리 시대의 타로 리딩

역시 현대인이 손쉽게 접근할 수 있는 미래 분석 도구로 자리 잡고 있는 것입니다.

내 경우, 투병 중에 특정한 패턴을 경험하곤 했습니다. 무의식이 자연스럽게 특정 단어를 떠올리거나, 어떤 상황에서 특정한 예측을 하게 되는 것입니다. 이를 단순한 병증으로 치부할 수도 있겠지만, 나는 그것이 병중에 오는 시그널이나 일종의 능력일 수도 있다고 생각했습니다.

특히 제너럴 타로 리딩을 볼 때마다, 내 무의식은 신기하게도 몇 번째 영상의 몇 번째 리딩이 내 상황과 가장 밀접하게 맞아떨어지는지 알려 주었습니다.

흥미로운 점은 단순히 나와 관련된 내용뿐만 아니라, 주변인의 성향까지도 무의식적으로 정확하게 골라낸다는 것이었습니다. 나는 이를 활용해 하루의 흐름이나 중요한 결정의 방향성을 가늠해 보기도 했습니다. 그와 관련된 흥미로운 경험이 있습니다.

타로 리딩과 물품 거래

1

나는 한때 경제적으로 어려운 상황에 놓여 있었습니다. 파산 직전, 급하게 돈이 필요했던 나는 보유하고 있는 소니 카메라에 쓰는 자이즈 렌즈를 판매하기 위해 온라인 쇼핑 포털에 글을 올렸습니다.

구매자와 65만 원에 거래하기로 합의했지만, 문제는 약속 시간이 저녁 9시였음에도 불구하고 나는 예상보다 일찍 도착해 버렸다는 점이었습니다. 세 시간을 기다려야 했습니다.

기다리면서 단순히 시간을 흘러보낼 수는 없었습니다. 나는 생각했습니다. '구매자의 성향을 알면, 가격 협상에서 유리한 고지를 선점할 수 있지 않을까?'

그때 떠오른 것이 유튜브 제너럴 타로 리딩이었습니다. 나는 스마트폰을 열어 타로 리딩 채널을 검색했고, 무의식이 특정 영상을 선택하도록 내버려 두었습니다. 선택된 영상은 유튜브 타로 채널인 '샐리몽글이네 타로'였습니다. 내 무의식은 "이 영상에 거래자의 성향이 담겨 있다."라고 말했습니다. 영상을 보니 네 개의 타로 리딩이 있었습니다.

내 무의식은 다시 속삭였습니다.

"첫 번째 것도 맞고, 두 번째 것도 맞고, 세 번째 것도 맞아."

나는 혼란스러웠습니다. 도대체 무슨 뜻일까? 그래서 내 무의식에 다시 물었습니다.

'이 중에서 실제 거래자는 몇 번째 리딩에 해당하는 사람인가?'

그 순간, 내 안에서 확신이 들었습니다.

"세 번째 카드다."

나는 곧바로 세 번째 리딩을 확인했습니다. 결과는 흥미로웠습니다.

"자기방어기제가 강한 사람. 처음에는 친절하지만, 시간이 지나면 거리감이 생기는 유형. 여러 장소를 돌아다니기 좋아하고, 다차원적인 성향을 지닌 사람. 그리고 도화살 기운이 있는, 외모가 준수한 사람."

이 정보를 토대로 나는 전략을 세웠다. 핵심 키워드는 '방어기제'였습니다. 그렇다면, 구매자의 경계를 푸는 것이 가장 중요한 포인트였습니다.

내 무의식은 다시 말했습니다.

"어쩌면 한 명이 아니라, 여러 명이 올 수도 있어."

나는 그 말을 듣고, 단순한 1:1 거래가 아닐 가능성까지 고려하기 시작했습니다. 그리고 실제로 그 예측은 맞아떨어졌습니다.

약속된 시간이 다가오자, 차 한 대가 도착했습니다. 그리고 예상과 달리, 구매자가 아닌 다른 사람이 내렸습니다. 그는 외국인이었고, 내 앞에서 휴대폰을 꺼내 영상통화를 걸었습니다.

화면 속에는 구매자, 또 다른 외국인이 있었습니다.

그제야 나는 깨달았습니다. 거래는 원래의 구매자가 아닌, 그의 대리인을 통해 진행되는 것이었습니다. 이제 내가 해야 할 일은 명확했습니다. 가격 협상을 내게 유리한 방향으로 이끄는 것. 나는 조명을 켜서 판매할 품목들을 상세히 보여 주었습니다. 그리고 스트로브와 렌즈뿐만 아니라, 추가적으로 LED 조명과 삼각대도 함께 판매할 계획이었습니다.

내 무의식이 처음에는 "80만 원까지 가능합니다."라고 했지만, 시간이 지날수록 "75만 원 이하로 낮춰야 한다."라는 메시지를 주었습니다. 결국 협상 과정에서 75만 원을 기준으로 가격을 조정했습니다. 상대방은 추가 할인을 요구했고, 최종적으로 73만 원에 거래가 성사되었습니다.

거래를 마치고 나니 묘한 성취감이 들었습니다. 그날은 대출이자 상환일이었고, 내 통장에는 겨우 4만 원이 남아 있었습니다. 그 당시에 내야 하는 상환금 14만 원을 내려면, 어떻게든 렌즈를 팔아야 하는 상황이었습니다.

그리고 나는 제너럴 타로 리딩의 도움을 받아 최적의 방법으로 이를 해결한 것이 되었습니다.

2

이 경험을 통해 나는 다시 한번 확신하게 되었습니다.

우리는 무의식적으로 많은 것들을 예측하고 있으며, 이를 신중하게 활용하면 현실적인 이점으로 연결할 수 있습니다. 타로 리딩이 단순한 점이 아니라, 인간의 본능적인 직관과 맞닿아 있을 가능성이 크다는 점을 체감했습니다.

물론, 모든 것을 타로에 의존할 수는 없습니다.

하지만 중요한 순간마다 참고 자료로 활용할 수 있다면, 보다 나은 선택을 할 수 있지 않을까요? 나는 앞으로도 이러한 경험을 계속 기록하고, 무의식의 흐름이 어떻게 현실과 맞물리는지를 탐구할 것입니다.

3

현대 사회에서 한국의 제너럴 타로 리딩은 단순한 운세 풀이를 넘어, 하나의 인문사회 참고서처럼 기능하고 있습니다. 타로를 직접 운영하는 마스터들은 유튜브에서 제공하는 제너럴 타로 리딩의 정확도가 낮다고 평가하기도 합니다. 하지만 저 개인적으로는, 무의식적으로 선택한 타로 리딩이 예상보다 높은 정확도와 교훈을 주었으며, 마음을 다스리는 데 큰 도움을 주었습니다.

촉이 발달했거나, 직관력이 강한 사람이라면 자신에게 맞는 타로 리딩을 자연스럽게 구별해 낼 수도 있을 것입니다. 타로 리딩이 주는 신비로운 감각과 통찰력은, 우리가 흔히 생각하는 단순한 점술을 넘어 인문학적인 해석과 심리적 위안을 제공하는 요소로 작용합니다.

4

타로 리딩이 항상 정확한 것은 아닙니다. 때때로 맞을 때도 있고, 예상과 다를 때도 있습니다. 그렇기에 타로를 절대적인 진리로 받아들이기보다는, 참고할 만한 방향성을 제시해 주는 도구로 활용하는 것이 중요합니다.

예를 들어, 오프라인 타로 상담을 받기 위해 5만 원을 지불하고 상담을 받았다고 가정해 봅시다. 상담을 통해 들은 내용이 반드시 현실에서 일어나는 것은 아닙니다. 그렇다면 타로를 보는 의미가 있을까요? 저는 타로의 핵심은 단순히 미래를 예측하는 것이 아니라, 상담자의 해석과 경험을 통해 인생에 유익한 통찰을 얻는 데 있다고 생각합니다.

유튜브의 제너럴 타로 리딩도 마찬가지입니다. 단순히 미래를 맞히는 것에 집중하기보다는, 타로 마스터가 삶에서 얻은 지혜와 철학을 전하는 데 더 큰 의미가 있습니다. 틀린 예측이 나올 수도 있지만, 그 과정에서 새로운 시각을 배우고 자신의 삶을 돌아보게 된다면, 그것만으로도 충분히 가치 있는 경험이 됩니다.

5

예를 들어, 자주 방문하는 타로샵에서 "이번 면접에 합격할 것입니다."라는 결과를 받았다고 가정해 봅시다. 하지만 현실에서는 불합격했다면? 다음번에 타로샵을 방문할 때 저는 이렇게 말합니다.

"아마 하늘의 장군 친척이 면접을 봤나 봅니다. 그래서 제가 떨어졌겠죠."

혹은 중요한 선택의 기로에서 타로 결과가 마음에 들지 않는다면?

"이 문제에 대해 선인의 지혜가 필요합니다. 먼저 세상을 살아오신 선생님의 경험이 절실하게 필요하군요."

타로 리딩이 절대적인 예언이 아니라는 사실을 인정하고, 결과를 유연하게 받아들이는 자세가 중요합니다. 결국, 타로 리딩의 핵심은 마스터가 제공하는 지식과 해석을 통해 인생의 진리를 엿볼 수 있다는 데 있습니다.

6

 결론적으로, 제너럴 타로 리딩은 참고할 만한 요소 중 하나일 뿐입니다. 하지만 한국어로 표현되는 타로 리딩의 풍부한 언어적 감성과 깊이는, 이를 단순한 점술 이상의 의미로 만들어 줍니다. 타로 리딩이 연인 관계, 직장 문제, 인생의 중요한 선택 등에 대해 위안을 주거나, 심리적 안정감을 제공하는 역할을 한다는 점에서 그 가치는 충분합니다.

 그러나 타로 리딩이 원하는 결과를 보장하는 것은 아닙니다. 타로에서 좋은 결과가 나오든, 나쁜 결과가 나오든 그것을 맹신할 필요는 없습니다. 현실은 복잡하며, 단 하나의 정답이 존재하는 것이 아니기 때문입니다. 또한, 인간의 삶은 끊임없이 변하며, 같은 패턴을 반복하는 듯 보여도 결국에는 다양한 변수가 작용합니다.

 결국 중요한 것은, 타로 리딩을 통해 얻은 통찰을 자신의 삶에 어떻게 적용하느냐입니다. 그것이 현실에서 반드시 이루어지지 않더라도, 그 과정에서 불안을 덜어 내고 심리적 여유를 가질 수 있다면, 그것만으로도 충분히 의미 있는 경험이 될 수 있습니다.

7

타로 리딩을 대할 때, 우리는 맹신과 회의론 사이에서 균형을 맞출 필요가 있습니다. 너무 믿어 버리면 스스로의 선택과 결정을 타로에 의존하게 되고, 너무 부정하면 그 안에 담긴 통찰과 지혜를 놓치게 됩니다. 중요한 것은, 타로가 제시하는 방향성을 이해하고, 그것을 유연하게 받아들이는 것입니다.

타로 리딩은 단순한 운세 풀이가 아니라, 우리의 삶을 보다 깊이 있게 바라보는 도구가 될 수 있습니다. 그것이 현대 사회에서 사람들이 타로를 찾는 이유이며, 저 또한 타로를 통해 많은 통찰을 얻었습니다.

타로 마스터들은 오늘도 성심껏 리딩을 하고 있습니다. 그리고 우리는 그 리딩을 통해 자신의 삶을 되돌아보고, 때로는 위로를 받으며, 때로는 새로운 길을 모색할 수 있습니다. 타로를 통해 보다 넓은 시야로 세상을 바라볼 수 있다면, 그것만으로도 충분히 가치 있는 경험이 아닐까요?

좋은 날들이 계속되기를 바랍니다.

신과의 식사 대접

1

 사주에 귀인의 기운이 강하게 깃든 사람이라면, 삶의 어려운 순간마다 신비로운 도움을 받는 경험을 하곤 합니다. 이런 경험을 한 사람들은 자신을 도와준 신들에게 감사하는 마음으로 식사를 함께하고 싶다는 생각이 들 수도 있을 것입니다.
 혹은 갑작스러운 사고로 사랑하는 사람을 잃은 이들이, 그들과의 한 끼 식사를 통해 위안을 얻고자 하는 마음을 품을 수도 있습니다.
 나 또한 내 안에서 들려오는 소리에 따라 신들과 함께하는 식사 의식을 시도해 보았습니다. 방법은 간단했습니다. 먼저, 먹고 싶은 음식을 떠올렸습니다. 마침 돈가스가 먹고 싶다는 생각이 들었고, 가까운 돈가스 전문점에 들어가 자리를 잡았습니다.

메뉴판을 펼치자 손이 저절로 기본 돈가스와 옵션으로 추가 돈가스를 가리켰습니다.

주문을 마친 뒤, 물을 한 모금 마시며 식사가 나오길 기다렸습니다.

얼마 지나지 않아 돈가스가 접시에 담겨 나왔고, 나는 신을 위한 자리를 마련하기로 했습니다. 내가 사용할 젓가락과 숟가락이 아닌 새 젓가락을 하나 꺼내 바닥을 세 번 가볍게 두드렸습니다. 그리고 그 젓가락을 추가 돈가스 위에 가지런히 올렸습니다. 손을 맞잡고 깍지를 낀 채 눈을 감고 조용히 마음속으로 말했습니다.

"드세요. 식사하세요."

그렇게 약 15초 동안 가만히 있었습니다. 내 무의식에 물어보았습니다. 신께서 잘 드시고 계시다는 응답이 돌아왔습니다. 이후 나도 식사를 시작했습니다. 돈가스 일부를 먹은 뒤, 신께 드릴 돈가스를 다시 가지런히 놓인 젓가락을 사용해 접시에 담았습니다. 그리고 또다시 손을 맞잡고 말했습니다.

"식사하세요. 드세요."

이 과정을 몇 번 반복하면 신께서 충분히 드셨다고 하시며 식사를 마무리하십니다.

이러한 방식의 식사는 의외의 장점이 있습니다. 평소 급하게 음식을 먹는 습관이 있었던 나는, 이 의식을 통해 자연스럽게 식사 속도가 조절되었고, 음식의 맛을 더 음미하며 천천히 먹을 수 있었습니다.

또한, 마음을 차분하게 정리할 수 있어 정신적인 안정감을 얻는 데에도 도움이 되었습니다. 그렇다면, 어떤 신이 함께 식사하는 것일까? 내 안에서 들려온 답은 이러했습니다.

"위에 계시는 하늘신과 땅신, 그리고 수호신이 오십니다. 때로는 귀인, 잡신들도 찾아오며, 사랑하는 가족의 영혼 또한 함께할 수 있습니다. 하지만 이들은 서열을 따지는 것이 아니라, 단순히 음식을 기운으로 취하는 것입니다."

2

어느 날, 베이커리 카페에 방문했습니다. 평소와 달리 접시가 따로 제공되지 않아 신께 드릴 빵을 올릴 곳이 필요했습니다. 고민 끝에 사각 휴지를 몇 장 접어 신의 음식을 위한 작은 받침을 만들었습니다.

빵을 적당한 크기로 잘라 포크에 꽂고, 조심스럽게 휴지 위에 올렸습니다. 그리고 손을 맞잡고 마음속으로 말했습니다.

"식사하세요. 드세요."

잠시 가만히 기다렸습니다. 그리고 무의식에 물어보았습니다.

역시나 신께서 잘 드시고 계시다는 응답이 돌아왔습니다. 이후 치킨 전문점에서도 같은 방법을 사용했습니다. 포크를 사용해 닭고기를 올려 드렸고, 경우에 따라서는 숟가락을 이용해 닭고기

일부를 퍼서 놓기도 했습니다.

이런 방식의 식사를 여러 번 시도하면서, 신께서 정말로 음식을 드시는 것이 맞는지에 대한 의문이 들었습니다. 하지만 신께 바친 음식과 그렇지 않은 음식의 차이를 비교해 보았을 때, 명확한 차이가 있었습니다.

신께 드린 음식은 맛이 사라져 있었고, 온기도 빠르게 식어 있었습니다. 반면, 내가 먹으려 남겨둔 음식은 여전히 따뜻하고 본래의 맛이 유지되고 있었습니다.

신께서 음식을 '기운'으로 취하는 증거가 아닐까 싶었습니다.

또한, 내 안에서 이런 말이 전해졌습니다.

"이런 방식으로 신을 모시는 것은 제사보다도 직접적인 교류가 될 수 있으며, 복덕을 쌓는 데 도움이 됩니다. 단순히 물을 떠놓고 기도하는 것보다 더 효과적이며, 자신을 정화하는 의식이기도 합니다."

이후 나는 바깥에서 식사할 때마다 신과 함께 한다는 마음으로 종지를 올리고, 새 식기들을 사용해 식사를 대접하는 방식으로 진행했습니다. 그렇게 하다 보니, 식사 자체가 단순한 생존의 행위가 아니라 신과 함께하는 경건한 시간이 되었습니다.

하지만 신들께서는 인스턴트 음식은 좋아하지 않으십니다 하는 말씀이 들려왔습니다. 한번은 인스턴트 짜장라면을 대접했는데, 불편하셨다는 응답이 돌아왔습니다. 그 이 후로는 식당에서 제공되는 음식을 나누기로 했습니다.

3

만약 보다 간단한 방법을 원한다면, 작은 접시에 음식을 조금씩 덜어 놓고 기도하는 방식이 가능합니다. 한 번에 많은 양을 드릴 필요 없이, 조금씩 다섯 번 정도 반복해서 음식을 바치면 신께서 충분히 드셨다고 하십니다.

이러한 방식을 떠올리며, 한편으로는 제사의 기원을 나름 해석해 보았습니다. 과거 영적으로 교감하던 이들이 신과 함께 식사를 하기 위해 음식을 올려놓았고, 시간이 지나면서 한 번에 대접하는 형태로 발전했을 가능성이 있습니다. 그 후 신의 명패를 세우고 향을 피우며 정성을 다하는 제사로 정착된 것이 아닐까 싶었습니다.

하지만 현대 사회에서 우리는 신과의 식사를 보다 실용적으로 바꿀 수 있습니다. 일상에서 신께 감사하는 마음을 표현하는 방식으로, 작은 식사 대접이 하나의 수행이 될 수도 있을 것입니다.

4

신과의 식사가 주는 의미를 보면, 나는 사주에서 토의 기운이 강하게 깔려 있으며, 조상을 모셔야 한다는 이야기를 여러 번 들은 적이 있습니다.

　사실 나는 정록正錄의 기운을 타고났기에 일확천금과는 거리가 먼 삶을 살아야 한다는 것도 알고 있었습니다.

　일반적으로 사주에서 빌어야 하는 운명을 가진 사람들은 절이나 성당에서 기도를 드리거나 헌금을 해야 길운이 열린다고 합니다. 하지만 나는 특정 종교에 깊이 귀의하지 않은 상태였습니다. 그렇기에 신과의 식사 대접이 나에게는 신과 조상을 모시면서도 일상에서 실천할 수 있는 간단한 수행이 되었습니다.

　이제 나는 깨닫습니다.

　작은 식사의 대접만으로도 신께 빌어야 하는 운명을 수행할 수 있으며, 조상과 신들께서 이를 인정해 주신다는 것을 말입니다.

　신과 함께하는 식사는 단순한 형식이 아니라, 나 자신을 정화하고 마음을 다지는 과정이었습니다. 그리고 이 작은 의식이 쌓여, 내 삶에 긍정적인 변화를 불러올 것임을 믿습니다.

마무리: 회복 중의 나, 회복 후의 나

　회복이란 끝이 있는 과정이 아닙니다. 정신의 균형은 언뜻 회복된 듯하다가도 다시 흔들리고, 다시 다잡으면 또 다른 균열이 찾아오곤 합니다. 하지만 내가 예전과 달라졌다고 느끼는 건, 이제는 그 흔들림 속에서 완전히 무너지지 않는다는 점입니다. 예전엔 파도에 휩쓸려 버렸다면, 지금은 물속에서도 숨 쉴 수 있는 법을 배운 사람처럼 살아갑니다.

　'회복 중의 나'는 항상 불안했고, 자신이 제자리로 돌아가고 있는지조차 확신이 없었습니다. 환청은 때로 위협이었고, 때로는 안내자였으며, 일상을 통제하려는 망상은 자존심과 공포가 엉킨 하나의 그물이었습니다. 하지만 그 시간들은 내게 내면을 보는 눈을 길러 주었습니다. 약을 먹지 않던 하루조차 이제는 나를 시험에 빠뜨린 사건이 아니라, 나 자신을 더 잘 알게 만든 하나의 실험이었다고 말할 수 있습니다.

'회복 후의 나'는 더 이상 완벽함을 꿈꾸지 않습니다. 오히려 부족한 채로 살아가되, 그 부족함을 감추지 않는 용기를 품습니다. 사람들 속에서 침묵하는 순간에도 '나는 아프다'는 사실을 나 자신에게는 숨기지 않습니다. 약을 먹는다는 건 약한 게 아니라는 것, 때로 혼자 있고 싶다는 건 고립이 아니라 선택이라는 것도 이제는 압니다. 삶은 여전히 복잡하고 세상은 여전히 시끄럽지만, 내 마음속 신은 조용히 나를 지켜보고 있습니다.

우리는 회복이라는 단어를 너무 쉽게 입에 올리지만, 그 단어가 가진 무게를 진심으로 이해하려면 긴 시간이 필요합니다. 회복은 스스로를 다시 신뢰하게 되는 과정이며, 세상과 다시 손잡는 훈련입니다. 그것은 '나는 괜찮다'고 말하는 것이 아니라, '나는 괜찮지 않아도 살아갈 수 있다'고 믿게 되는 일입니다. 회복이란 자기 자신에게 다시 말을 거는 일이며, 그 목소리를 다시 사랑하게 되는 일입니다.

나는 이제야 말할 수 있습니다. '회복 중의 나'와 '회복 후의 나'는 서로 다르지만, 둘 다 나에게 꼭 필요한 존재였다고. 그 둘이 있었기에 지금의 내가 있고, 이 글이 존재합니다. 흔들리며 나아간 그 길 위에서, 나는 나 자신을 다시 만났다. 그리고 언젠가, 또 다른 누군가가 이 길을 걸을 때, 나의 기록이 그에게 작은 등불이 되기를 바랍니다.

5장

특별편

편집자의 사회 예언과 시대 흐름

어른이 된다는 것은 단순한 성장 이상의 의미를 가지며, 새로운 시대가 요구하는 역할을 받아들일 준비가 필요합니다. 전통적인 성인상의 붕괴와 함께, 변화하는 사회 속에서 새로운 책임과 가치가 부여되고 있습니다. 노년층은 더 이상 사회에서 퇴장하는 존재가 아니라, 새로운 방식으로 기여해야 할 출발점에 서 있습니다. 정보가 넘쳐나는 시대에서 우리는 무엇을 믿어야 할지 고민하며, 세대 간갈등 속에서 균형을 찾아야 합니다. 결국, 오늘의 선택이 미래를 결정하며, 공정한 세상을 만들기 위한 노력이 필요합니다.

타협의 시대를 다시 열며

이 원고의 초안은 2022년에 작성되었으며, 최종적으로 완성된 것은 2024년입니다. 이번에 공개하는 내용은 '신진행 편집증 편집자'로서 내가 경험하고 예측한 미래에 대한 기록입니다.

이 글을 싣게 된 이유는 단순합니다. 내 안에서 울려 퍼지는 무의식이 마치 사명처럼, 우리가 마주하게 될 미래에 대한 이야기를 기록해 달라고 요청했기 때문입니다. 어쩌면 독자들에게는 허황된 이야기처럼 보일 수도 있고, 한낱 망상의 기록처럼 여겨질 수도 있습니다. 그러나 무의식의 강력한 요구를 무시할 수 없어 결례를 무릅쓰고 이 글을 남깁니다.

이것은 단순한 편집증 환자의 망상이 아니라, 깨달음에 가까워지는 과정에 대한 하나의 증명서가 될 수도 있습니다. 나는 외부에서 얻은 정보가 아닌, 내면에서 울려 퍼지는 메시지를 기록하는 방식으로 글을 써 왔습니다. 때때로 내 무의식은 새로운 경전서를 집필하라는 요구까지 해 왔지만, 그것이 올바른 길인지에 대한 의문 또한 여전히 남아 있습니다.

미래 예측이란, 예언가나 특정한 사명을 지닌 이들이 인류에게 전하는 높은 확률의 메시지입니다. 마치 왕조의 기록처럼, 시대의 흐름을 담아내는 절차인지도 모르겠습니다.

나는 내 무의식이 보내는 메시지를 통해 이렇게 이야기하곤 합니다.

"나는 원래 평범한 삶을 살았다면, 어느 정도 깨달음을 얻고 사고사로 생을 마감할 운명이었습니다."

그러나 나는 깨달음의 길에 들어섰고, 그 과정을 통해 비슷한 고통을 겪는 사람들에게도 희망을 전할 수 있으리라는 확신을 가지게 되었습니다. 만약 내 미래 예측이 적중한다면, 나와 같은 현상을 경험하는 이들도 결국에는 깨달음에 도달할 수 있으며, 그 끝에서 자신만의 방식으로 말과 행동을 통해 삶을 증명할 수 있다는 의미가 될 것입니다.

이 기록은 편집증적 망상처럼 보일 수도 있습니다. 그러나 과거에 내가 남긴 미래 예측이 맞아떨어진다면, 이는 곧 편집증적 사고가 단순한 허구가 아니라, 사회를 바라보는 또 하나의 가능성이 될 수 있음을 의미할 것입니다.

나는 여전히 내 존재가 다른 방식으로 쓰일 가능성이 있다는 기대를 버리지 않고 있습니다. 이번에 공개하는 원고는 2024년에 완성된 것이며, 제가 써 내려가는 이야기의 신빙성을 증명하고자 하는 의도를 담고 있습니다.

그러니, 이제 이 글을 읽는 모든 분들이 내 기록을 참고하여 보다 올바른 판단을 내릴 수 있기를 바랍니다.

미래 사회와 성인의 등장

1. 다가오는 시대의 변화

　2030년, 인류는 마침내 거대한 변화를 맞이하게 됩니다. 오랫동안 우리를 짓눌러온 걱정과 불안이 걷히고, 새로운 질서가 자리 잡기 시작할 것입니다. 그러나 그 과정은 결코 평탄하지 않습니다. 전 세계적으로 자연재해가 빈번해지며, 지진과 홍수, 그리고 예기치 못한 재난들이 일어나면서 기존의 구조물들이 무너져 내릴 것입니다. 그러나 대한민국은 다른 국가들과 달리, 그 폐허 속에서도 가장 빠르게 재건하는 나라가 될 것입니다. 첨단 기술의 발전으로 인해, 무너진 도시조차도 단기간 내에 복구할 수 있는 능력을 갖추게 되기 때문입니다.

　행정 체계는 2020년부터 급격한 변화를 겪었고, 그 결실은 2030년경 마침내 완성될 것입니다. 이 변화는 단순한 행정 개혁을 넘어, 사회 전반의 인식과 시스템을 근본적으로 뒤바꿀 것입니다.

2. 인구 변화와 국제적 흐름

불과 30년 후, 대한민국의 결혼 문화는 급격한 변화를 맞이할 것입니다. 인구 감소로 인해 정부는 외국인 유입을 적극적으로 장려하게 되며, 한국인과 외국인의 결혼이 보편화됩니다. 시간이 흐르면, 오히려 같은 한국인끼리 결혼하는 것이 드물어질 정도로 국제 결혼이 자연스러운 흐름이 될 것입니다. 이러한 변화 속에서 대한민국은 미국과 어깨를 나란히 하는 강대국으로 자리 잡을 것이며, 군사력과 경제력 모두 세계적인 수준에 도달할 것입니다.

한편, 물 부족 사태는 한국에서만큼은 심각한 문제가 되지 않습니다. 다만, 특정 섬 국가들은 오염된 식수를 활용하여 농작물을 재배하는 상황에 직면할 것이며, 이러한 문제는 100년 후쯤 획기적인 정화 기술의 발전을 통해 해결될 전망입니다. 당시의 과학 기술은 단순한 정화를 넘어, 오염된 자원을 에너지로 변환하는 수준에 이를 것입니다.

3. 사회 구조의 변화와 직업 시장

20년 뒤, 직업 시장은 지금과는 전혀 다른 모습이 될 것입니다. 인구가 감소함에 따라, 기업은 더 이상 노동력 확보를 위해 기존의 채용 방식에 의존하지 않습니다. 대신, 외국인 노동자 유입과 자동화 기술 발전을 통해 새로운 경제 구조가 형성됩니다. 기업보다 사람이 우선시되는 사회가 펼쳐지며, 노동의 개념 자체가 변화할 것입니다.

공유 경제가 대중화되면서, 숙박과 생활 공간에 대한 개념도 달라집니다. 쉐어하우스와 모듈형 주거지가 보편화되며, 더 이상 집을 소유하는 것이 필수가 되지 않습니다. 이에 따라, 거주 공간에 대한 걱정이 사라지고, 사람들이 훨씬 자유롭게 이동하며 생활하는 시대가 열릴 것입니다.

'인스턴트 사무직'이라는 개념이 등장하여, 고정된 직장 없이도 필요한 만큼만 일하고 수익을 창출할 수 있는 환경이 마련됩니다. 연봉이 수백만 원 수준이라해도, 기본적인 생활이 보장되기에 조급함 없이 살아갈 수 있습니다. 다만, 30년 후에는 현재의 고용보험 시스템이 점차 축소되며, 공공 서비스의 개편이 불가피해질 것입니다.

4. 금융과 경제 시스템의 대전환

　전통적인 은행 시스템이 붕괴하고, 그 자리를 새로운 금융 포털이 대체할 것입니다. 이 금융 포털은 국가의 경제 안정성을 지키는 핵심 역할을 하게 되며, 해외 자본이 유입될 때 즉각적인 처리가 가능하도록 설계됩니다. 이로 인해, 한국은 전 세계에서 가장 안전하고 신뢰할 수 있는 금융 허브로 자리 잡게 될 것입니다. 또한, 한국은 세계에서 유일하게 '무담보 대출'을 법적으로 허용하는 국가가 되며, 이는 경제적 유동성을 극대화하는 역할을 하게 됩니다.

　일본은 심각한 경제적 타격을 입고, 많은 일본인들이 한국으로 이주하게 됩니다. 특히, 부산은 부유한 일본인들이 집중적으로 정착하며, 새로운 경제 중심지로 떠오릅니다. 일본의 산업도 점차 부산으로 이전하게 되고, 이로 인해 부산은 동아시아의 핵심 도시로 거듭나게 됩니다.

5. 통일과 새로운 시대의 시작

　한반도의 통일은 예상보다 훨씬 자연스럽게 이루어집니다. 남한에서 말발이 뛰어난 '성인聖人'이 등장하면, 그를 중심으로 북쪽

체제는 무너질 것입니다. 이때 북한의 실권자는 지금의 지도자의 후손이 아닐 가능성이 크며, 내부적인 변화가 급속도로 진행될 것입니다.

성인이 북한에서 단 하룻밤을 머물게 되면, 통일 가능성을 말할 수 있습니다. 그가 제시하는 조건은 단순합니다. 유라시아 철도의 재개, 지역의 경제 공동화, 미개발 지역의 공유 등등 일 것입니다.

통일 이후, 북한에서도 출산 장려 정책이 시행되며, 다자녀 가구에는 남한을 여행할 수 있는 특권이 주어집니다. 이를 통해 북한 주민들은 남한의 발전된 환경을 직접 경험하고, 자발적으로 통합에 참여하게 될 것입니다.

독재 체제는 성인의 출현과 동시에 무력해지며, 그의 의지가 어디에 향하는가에 따라 국제 정세가 크게 요동칠 것입니다.

6. 문화의 변화와 미래 산업

문화적으로, 대한민국은 여전히 세계를 선도하는 위치에 있습니다. 애니메이션 산업은 실사보다 더 강력한 현장감을 구현할 수 있는 기술적 발전을 이루며, 1인 1작품 시대가 도래합니다. 누구나 손쉽게 애니메이션을 제작할 수 있는 환경이 조성되고, 이로 인해 창작의 폭이 크게 넓어집니다.

K-POP은 더욱 강력한 글로벌 영향력을 가지며, 젊은 세대들은 자신만의 스타일로 음악을 재해석하고 창작하는 문화를 만들어 갑니다. K-POP은 단순한 엔터테인먼트를 넘어, 인간의 정체성과 생존 방식과도 깊은 연관을 맺게 될 것입니다.

복고 열풍은 주기적으로 돌아오며, 30년 후에는 과거의 마법소녀물과 2D 애니메이션들이 다시금 재조명됩니다. 다만, 기술의 발전으로 인해 그때의 복고는 우리가 알고 있는 형태와는 또 다른 방식으로 재탄생할 것입니다.

7. 새로운 시대의 문을 열며

미래의 지도자는 지금보다 훨씬 젊은 세대에서 나올 가능성이 높습니다. 과거 세대가 후대에 대한 투자와 배려를 충분히 하지 않았기 때문에, 젊은 층이 직접 나서서 변화를 이끌어 갈 것입니다. 교육과 정책은 기존의 틀을 벗어나, 전혀 다른 패러다임으로 재편될 것입니다.

그리고 이 모든 변화의 시작점에는, 사회를 바라보는 새로운 시각이 자리 잡고있습니다. 그 변화를 이끌어 갈 인물들이 바로 지금 이 글을 읽고 있는 당신들일지도 모릅니다.

아마 타협의 시대를 여는 2025년을 기점으로, 우리는 새로운 정신문명의 발전을 맞이하게 될 것입니다. 교육 제도는 크게 변하지 않겠지만, 사회의 흐름과 기술의 발전이 인간의 사고방식과 가치관을 변화시킬 것입니다. 초등학교부터 대학교까지의 교육 체계는 수십 년 동안 유지되겠지만, 학문의 깊이와 방향성은 점진적으로 달라질 것입니다.

기술의 발전은 친환경적인 방향으로 나아가겠지만, 초기에는 논란과 시행착오가 많을 것입니다. 달 탐사 기술이 발달하면서 인류는 달에 정착하는 꿈을 꾸겠지만, 결국 생존에 적합한 환경을 조성하는 데는 오랜 시간이 필요할 것입니다.

우주에서 새로운 문명을 열기 위해서는 현대의 질병을 극복하고 인간의 한계를 뛰어넘어야 합니다.

8. 새로운 인류의 문명

인류 문명은 앞으로 1만 년 이상 지속될 것이며, 이 과정에서 '성인'이 출현한다면 그는 최소 200세 이상의 연령을 지니게 될 것입니다. 그의 신체는 상상할 수 없는 가치를 지니며, 그의 혈액, 피부, 침조차도 강력한 치유력을 갖게 될 것입니다. 그러나 200세 이상의 인간은 일반적인 생명체와 다른 특성을 가질 가능성이 있으며, 그의 유전자는 새로운 유형의 인간을 탄생시킬지도 모릅니다. 이를 연구한다면, 생명 연장의 비밀을 발견할 수도 있을 것입니다.

9. 혜안의 존재

1900년 이전의 인류는 혜안을 지닌 이들이 많았습니다. 특히 조선 시대에는 미래를 예측하는 능력을 지닌 사람들이 적지 않았지만, 현대에 이르러서는 이러한 존재들이 거의 사라졌습니다. 전쟁과 기아, 물 부족 등의 위기가 계속되면서 인간의 감각적 능력이 약화되었고, 미래를 내다볼 수 있는 사람들이 점점 줄어들었습니다. 이러한 변화를 기록하고 전파할 인류가 극히 드물어졌기에, 우리는 정신적 성숙을 위한 새로운 패러다임을 고민해야 합니다.

시간과 윤회의 개념에 대해 뭔가 써 보자면 나는 편집증적 성향을 지닌 사람으로서, 새로운 문명을 향한 길을 이야기하고자 합니다. 흔히 말하는 타임머신은 존재하지 않지만, 한 사람이 죽고 난 후 시간이 흐른 뒤 환생하는 것이 아니라, 과거나 현재의 누군가로 즉각 환생하는 경우도 있을 수 있습니다. 다시 말해 환생은 단순히 미래에만 존재하는 것이 아닙니다.

내가 지금 목격하는 평행이론적 현상이 내 다음 생일 수도 있고, 나의 전생일 수도 있습니다. 만약 윤회를 수없이 거쳤다고 믿고 싶다면, 지금까지 겪어 온 고통의 강도를 되돌아보면 됩니다. 고통이 클수록, 더 많은 윤회를 반복해 왔다는 증거일지도 모릅니다.

현대 사회의 글자 중독과 그 위험성은 발생할 것으로 생각합니다. 현대는 '글자 중독 사회'라 불릴 만합니다. 우리는 글자를 절대적인 진리로 받아들이지만, 모든 의미가 언어에만 갇혀 있다고 생각하는 것은 위험한 착각입니다. '신神'이라는 단어도 시대와 문화에 따라 해석이 달라져 왔습니다. '신'은 절대자를 의미하기도 하지만, 새로움을 뜻하기도 합니다. 영어에서 'Shin'이라는 단어와도 연관 지을 수 있습니다.

우리는 단어에만 집착하기보다는, 본능적으로 느껴지는 진리를 탐구해야 합니다. 자신의 내면의 목소리에 더욱 귀를 기울이고, 직관을 신뢰하는 것이 필요합니다.

청년 세대의 변화와 사회적 갈등은 2020년대의 청년 세대는 높은 지적 수준과 뛰어난 능력을 갖추고 있지만, 결핍과 결합의 불가능이라는 난제를 안고 있습니다. 세대 차이는 더욱 극명해지고 있으며, 언어적 표현은 점점 더 노골적으로 변하고 있습니다. 특히, 폭력적인 표현과 과격한 언어 사용이 일상 속에서 너무나 자연스러워졌습니다. 이는 단순한 개인적 문제를 넘어 사회적 구조와 문화적 흐름을 반영하는 현상입니다.

10. 금지 품목과 사회적 기준의 재설정

우리는 미성년자의 구매 가능한 물품의 기준을 보다 엄격하게 조정해야 합니다. 현재 담배와 주류의 구매 기준이 고등학교 연령대에서 제한되지만, 이는 대학생 연령으로 상향 조정될 필요가 있습니다. 또한, 마약류를 포함한 위험한 물질의 판매 규정을 대폭 강화해야 합니다.

미성년자의 기준을 기존의 고등학생 연령에서 대학생 수준까지 상향 조정하는 방안을 고려해야 합니다. 이는 단순한 보호 차원을 넘어, 사회적으로 유해한 소비 습관을 억제하고 건강한 경제 구조를 형성하기 위한 조치입니다. 예를 들어, 담배 구매 연령을 초·대졸 연령까지 상향 조정하는 방안이 검토될 필요가 있습니다.

성인 작품을 '예술'이라 칭하는 시대지만, 시간이 지나면 이러한 콘텐츠들이 인격적인 영향을 미치며 소름 끼치는 결과를 초래할 수 있습니다. 단순히 19세 미만 관람 불가라는 기준이 폭력성과 성적 표현에만 초점이 맞춰질 것이 아니라, 언어적 폭력성과 사회적 영향력도 고려해야 합니다. 이는 단순히 미성년자를 보호하기 위한 조치가 아니라, 성인들에게도 영향을 미치는 문제다.

국제적인 기준을 참고하여, 대한민국 역시 금지 품목에 대한 글로벌 기준을 대폭 상향해야 합니다. 이를 통해 사회의 불안 요소를 줄이고, 보다 안정적인 사회 질서를 확립할 수 있을 것입니다.

우리는 지금 거대한 전환점에 서 있습니다. 기존의 가치관과 제도, 관습들이 점차 무너지고 있으며, 새로운 질서가 자리 잡고 있습니다. 그러나 이러한 변화 속에서 가장 중요한 것은, 인간이 본연의 가치를 지키며 균형을 유지하는 것입니다.

정신문명의 발전과 기술의 진보가 함께 이루어질 때, 우리는 보다 나은 미래를 맞이할 수 있을 것입니다. 그러기 위해서는 단순히 과거의 지혜를 복기하는 것이 아니라, 현대 사회가 가진 문제들을 냉철하게 분석하고, 보다 나은 방향을 모색해야 합니다.

이제 우리는 '타협의 시대' 속에서 살아가고 있습니다.

그 속에서 우리는 어떤 길을 선택할 것인가?

성인의 출현과 미래의 흐름

우리는 때때로 성인의 출현에 대해 이야기합니다. 그러나 '자미성인'이라는 개념에 대한 해석은 다양하며, 그 본질은 사람마다 다르게 받아들일 수 있습니다. 어떤 이는 자미성인을 단일한 존재로 간주하지만, 나는 그것이 반드시 하나의 인물에 국한되지 않다고 생각합니다.

'자미'와 '성인'이라는 두 단어는 개별적인 의미를 지니며, 반드시 한 몸처럼 결합될 필요는 없습니다. 만약 성인이 나타나지 않았다면, 누군가는 그 흐름을 정리하고 새로운 성인의 출현을 준비해야 합니다. 나는 자미성인을 특정한 인물이 아니라, 시대적 흐름 속에서 나타나는 하나의 상징적 존재로 보고 싶습니다.

즉, 성인의 계승은 단절되는 것이 아니라, 새로운 시대에 맞는 형태로 계속 이어져야 합니다. 우리는 한 명의 성인에게만 집착할 것이 아니라, 미래를 향해 성장하고 변화하는 흐름을 예언하고 준비해야 합니다. 이를 통해 새로운 사회적 가치를 창출하고 보다 진보적인 방향으로 나아갈 수 있을 것입니다.

이후의 시간인 2100년의 인류는 무엇을 노래할 것인가. 가수 임현정의 「2100년 즈음 내가 부를 노래」를 떠올려본다. 과연 우리는 2100년에도 그 노래를 부를 수 있을까? 미래의 인류는 그 노래의 의미를 이해하고 공감할 수 있을까?

현대의 신新인류는 생기 넘치는 존재라기보다는, 점점 더 기계적인 삶에 익숙해지고 있습니다. 기술이 발전하면서 인간의 감정과 감수성은 오히려 퇴보하는 듯합니다. 2100년이 되면 모든 인간의 기록이 철저하게 보관될 것이고, 이는 개인의 삶에 있어 더 많은 부담으로 작용할지도 모릅니다. 기록이 축적될수록, 인간은 점점 더 감시받고 통제되는 존재가 될 것입니다.

성인의 출현은 인류 역사에서 반복적으로 이루어져 왔지만, 현대를 거치면서 그 의미는 점점 퇴색되고 있습니다. 시대를 초월하는 사고를 가진 존재도 결국 현 사회의 틀에 갇혀버릴 위험이 있습니다. 따라서 미래의 성인은 단순히 과거의 지식을 계승하는 것이 아니라, 현대 문명의 틀을 넘어선 새로운 비전을 제시해야 할 것입니다.

전쟁과 국제적 균형은 어떻게 될 것인가? 과거부터 우려해 왔던 전쟁의 가능성은 여전히 존재하지만, 한 가지 희망적인 사실은 어려운 국가들을 지원함으로써 균형을 유지할 수 있다는 점입니다. 전쟁을 통해 땅과 인재를 확보하려는 시대는 지나가고 있으며, 이제는 보다 평화적인 방식으로 국제적 영향력을 확대하는 방향으로 나아가고 있습니다.

옛 문헌 속 성인들은 이미 높은 차원의 사고를 통해 다른 방식으로 지구를 떠났을 가능성도 있습니다. 그들은 다른 세계에서 인류를 구원하고 있을지도 모릅니다.

어쩌면 우리는 이러한 순환을 반복하며, 보다 진보한 형태로 존재하는 길을 찾고 있는지도 모릅니다.

결국은 인간은 결국 하나의 빛이었습니다. 태양계에 존재하는 모든 인간은 저마다의 임무를 가지고 있습니다. 원래 우리는 하나의 빛이었고, 그 빛이 나뉘어 다양한 형태의 존재로 살아가고 있습니다. 그렇다면 내 옆에 있는 사람도, 나와 대화를 나누는 사람도 결국은 나의 또 다른 모습일지도 모릅니다.

이타심을 가지는 것은 어려운 일입니다. 그러나 현대 사회에서 개인주의가 강조되면서, 본래 인간이 지니고 있던 자각적인 본능이 억눌려 온 결과일 수도 있습니다. 인간은 결국 서로 연결된 존재이며, 그 연결을 인식할 때 비로소 우리는 더욱 발전할 수 있습니다.

누구나 예측서를 쓰는 시대가 옵니다. 머지않아 온다는 것입니다. 예측은 특정한 소수에게만 허락된 능력이 아닙니다. 모든 사람은 저마다의 혜안을 지니고 있으며, 그것을 활용할 기회가 많아질 것입니다. 나만이 예측서를 쓰는 것이 아니라 수많은 사람들이 미래를 내다보고 기록하며, 한국의 영적 변화와 사회적 발전에 기여하는 시대가 열릴 것입니다.

노벨상 수상자 또한 출현할 것입니다. 대한민국에서 노벨상을 수상하는 첫 인물은 40~50대 문학인이 될 가능성이 큽니다. 그는 글로서 명성을 떨칠 것이며, 이는 많은 이들에게 영감을 줄 것입니다. 점차 더 많은 이들이 노벨상에 도전할 것이고, 문학적 성취가 사회적 존경을 받는 사례가 될 것입니다.

변화하는 사회, 그리고 새로운 인류를 봐야 합니다. 무비 플랫폼인 유튜브는 당분간 번영을 이어 가겠지만, 몇 세대를 거치지 못하고 쇠퇴할 가능성이 큽니다. 새로운 플랫폼이 등장하며, 시대에 맞는 새로운 정보 전달 방식이 나타날 것입니다. 이러한 흐름 속에서, 우리는 보다 가치 있는 정보를 효과적으로 전달할 수 있는 방법을 고민해야 합니다.

대한민국의 물가는 앞으로도 지속적으로 상승할 것입니다. 그러나 정부의 적극적인 개입과 경제 시스템의 유동성을 통해 급격한 인플레이션을 방지할 가능성이 높습니다. 문학계 역시 새로운 작품들이 출현하며, 기존의 사고방식에서 벗어나 더욱 창의적인 방식으로 발전해 나갈 것입니다.

미래 인류의 신체적·지적 능력으로 인구 감소의 위기는 극복될 것입니다. 새로운 형태의 이주와 인구 유입이 자연스럽게 이루어질 것이기 때문입니다. 그리고 태어나는 아이들은 지금보다 훨씬 뛰어난 능력을 지니고 있을 것입니다.

예를 들어, 2세 유아가 20년 이상의 학습을 거쳐야 습득할 수 있는 계산 능력을 타고날 수도 있습니다. 5세 아이가 10년 이상의 운동을 거쳐야 만들 수 있는 신체 조건을 자연스럽게 지닐 수도 있습니다. 심지어 8세의 어린이가 50년 동안 단련해야 할 창

법을 선천적으로 익히는 시대가 올 수도 있습니다.

반대로, 성인의 정신적 성숙도는 크게 변화하지 않을 가능성이 있습니다. 60대가 되어도 10년치의 도덕관념만을 유지할 수도 있고, 40대가 되어도 20년의 통찰력을 지닌 수준에 머물 수도 있습니다. 인간의 지적 능력은 진화하겠지만, 사회적 가치관과 윤리는 보다 유동적으로 변화할 가능성이 크다.

아마 우주는 우리의 최종 목적지가 아닐 것입니다. 인류는 달 탐사에 대한 열망을 줄여 갈 것입니다. 수십 년간 달을 탐사하려 했지만, 실제로 도착한 후에는 관심이 줄어들 가능성이 큽니다. 미국이 쇠퇴해 가는 과정에서 우주 개발이 정체될 수도 있습니다. 하지만 인류가 기술적으로 우주를 탐험하는 능력을 갖추게 되면, 지구를 벗어나 다른 행성을 탐험하는 것이 더 현실적인 목표가 될 것입니다.

어쩌면 인류의 운명을 보자면 지구가 파멸에 이르는 길은 간단합니다. 모든 인류가 협력을 멈추고, 서로를 불신하며 싸우기 시작하면 됩니다. 그러나 우리는 그러한 길을 선택하지 않을 것입니다. 왜냐하면 우리는 인간이기 때문입니다. 우리는 다시 한번, 타협의 시대를 맞이해야 합니다.

노년층의 사회적 역할 변화

　노년층이 단순히 사회적 유지비를 소모하는 계층이 아닌, 생산적인 역할을 수행할 수 있도록 유도하는 정책이 필요합니다. 단순한 정년 연장의 개념이 아니라, 제2의 직업을 통한 사회 기여 방안을 마련해야 합니다. 100세 시대는 더 이상 한가로운 노후 생활을 의미하지 않습니다. 향후 2300년경에는 한국의 순수 혈통이 역사 속으로 사라질 가능성이 높다고 예측되므로, 이러한 인구 변화 속에서 노년층의 사회적 역할 재정립이 필수적입니다.

　한반도는 안정적인 지형과 환경을 갖추고 있어, 외국 인력이 정착하기에 이상적인 곳입니다. 이에 따라 다문화 사회로의 전환이 가속화될 것이며, 다양한 문화적 융합이 자연스럽게 이루어질 것입니다. 이러한 변화 속에서 노년층은 단순한 보호 대상이 아니라, 경험과 전문성을 갖춘 인적 자원으로 활용될 가능성이 크다.

　인공지능과 텍스트 창작의 변화가 발생하며 새로운 형태의 텍

스트 대체 기술이 등장할 가능성은 낮다. 대신, 인공지능AI이 방대한 데이터를 기반으로 자동 생성하는 텍스트가 보편화될 것입니다. 하지만 이는 창조적 사고를 대체할 수 있는 것이 아니라, 단순한 조합과 변형의 결과물일 뿐입니다. 따라서 인간 고유의 창의적 사고와 서술 능력은 여전히 중요한 가치로 남을 것입니다.

국가 경제의 부담 완화 방안을 생각해야 합니다. 사회 유지 비용을 절감하기 위해 국가 경제의 의무를 조정할 필요가 있습니다. 노년층의 생존권을 보장하는 동시에, 국가가 감당해야 할 부담을 줄이는 방향으로 정책이 마련되어야 합니다. 외국 인력이 유입되더라도, 기존의 노년층을 부양해야 하는 사회 구조는 변함이 없기에, 연령별·직능별 맞춤형 역할 배분이 필수적입니다.

이러한 문제를 해결하기 위해, 40대 이상 인력에 대한 지속적인 교육과 재배치를 고려해야 합니다. 기존의 단순 노동 중심 구조에서 벗어나, 고령 인력도 적극적으로 활용할 수 있는 방안을 마련해야 합니다. 특히, '실버 메카닉 피플' 개념을 도입하여, 전자 기기 및 스마트 기술을 활용한 노년층의 전문성 개발이 이루어진다면, 국가 인프라 구축에도 기여할 수 있을 것입니다.

해외 파견과 글로벌 협력을 고려해야 합니다. 40대 이상의 해외 파견을 확대함으로써, 한국의 영향력을 국제적으로 확대할 수 있습니다. 이는 단순한 노동력 이동이 아니라, 한국의 위성 국가를 형성하는 과정이 될 수도 있습니다. 통치권과 자주성을 조정하면서, 개발이 필요한 국가를 후원하고 지원하는 형태로 협력

관계를 구축해야 합니다.

이러한 협력 모델을 통해, 한국은 특정 국가와의 관계를 공고히 하며 인재 교류를 확대할 수 있습니다. 외국의 유능한 인재를 국내로 유입시키는 동시에, 한국의 인재를 해외로 파견하여 글로벌 인재 순환 구조를 구축하는 것이 가능합니다. 이를 통해, 전쟁 없이도 국가 간 동맹을 형성하고, 장기적인 평화와 번영을 실현할 수 있을 것입니다.

장기적 국가 발전 전략을 세워야 합니다. 한 국가와의 협력 관계는 최소 50년 이상 유지될 필요가 있습니다. 시간이 흐를수록 언어와 문화의 동질화가 자연스럽게 진행되며, 이는 양국 간의 우애를 강화하는 기반이 될 것입니다. 100년이 지나면, 해당 국가는 자연스럽게 한국과 하나의 공동체로 인식될 가능성이 높아집니다.

21세기 이전에는 전쟁이 국가 확장의 주요 수단이었지만, 21세기 이후에는 경제적·기술적 발전을 바탕으로 평화로운 국가 확장이 이루어질 것입니다. 신뢰와 경험을 바탕으로 협력 관계를 형성하면, 무력 충돌 없이도 영토와 영향력을 확대할 수 있는 시대가 도래할 것입니다.

미래 사회의 핵심 가치 변화를 받아들여야 합니다. 이러한 변화 속에서, 우리는 다음과 같은 가치들을 중요하게 생각해야 합니다. 아이들에게 따뜻한 환경을 제공합니다. 미래 사회를 이끌어갈 세대가 올바르게 성장할 수 있도록, 교육과 복지 시스템을 강화해야 합니다. 이웃과의 유대감을 형성합니다. 개인주의가 팽

배한 사회에서, 다시금 공동체 의식을 회복해야 합니다.

환생과 인연의 개념을 고려합니다. 내 옆의 사람이 과거의 나일 수도 있음을 인지하고, 서로 존중하는 태도를 기릅니다.

이타심을 실천합니다. 경쟁보다는 협력을 중시하는 사회 구조를 만들어야 합니다. 작은 갈등에 집착하지 않습니다. 1년 365일 중 단 몇 시간의 다툼에 얽매이기보다는, 보다 큰 목표를 바라보아야 합니다.

결론은 타협과 공존의 시대가 도래합니다. 21세기는 경쟁과 대립을 넘어, 타협과 공존을 모색해야 하는 시대입니다. 인류는 오랜 시간 전쟁과 갈등을 반복해 왔지만, 이제는 서로를 이해하고 협력하는 방식으로 새로운 길을 개척해야 합니다.

경제, 사회, 문화 전반에서 변화가 요구되는 시점이며, 이는 단순한 제도 개혁을 넘어, 인류가 추구해야 할 새로운 가치관의 정립으로 이어져야 합니다.

이제 우리는 단순히 생존을 넘어, 더 나은 사회를 만들기 위한 방법을 고민해야 합니다. 타협을 통해 갈등을 해결하고, 협력을 통해 미래를 개척하는 시대가 다가오고 있습니다. 그리고 이 변화 속에서, 우리는 어떤 선택을 할 것입니까?

세대 변화와 외부 인력 유입

　미래를 이야기하는 것은 언제나 흥미롭습니다. 우리는 현재의 흐름과 시대적 징후를 바탕으로 미래 사회를 예측할 수 있습니다. 그러나 이러한 예측이 진실인지, 단순한 가설에 불과한지는 오롯이 독자의 판단에 달려 있습니다. 다만, 현재 우리 사회에서 끊임없이 회자되는 이야기들이 있다면, 그것이 우연이 아닐 수도 있습니다.
　그렇기에 나는 입에서 입으로 전해지는 담론을 바탕으로 미래를 조심스럽게 예측해 봅니다.
　수십 년 후, 자원 고갈과 경제 불안정은 우리가 예상하는 것보다 더 가혹한 현실이 될 것입니다. 지금보다 훨씬 심각한 빈부격차가 발생하고, 한정된 자원을 둘러싼 갈등이 지속될 것입니다. 결국, 그 피해는 미래 세대가 고스란히 떠안게 됩니다. 특히, 노년 인구에 대한 사회적 대우가 급격히 악화될 가능성이 큽니다.

그 근거는 명확합니다. 디지털 사회로의 전환이 가속화되면서, 개인의 모든 기록이 전자문서로 보존되는 시대가 올 것입니다. 즉, 한 개인이 살아온 궤적이 고스란히 남겨지며, 이를 바탕으로 사회적 평가가 이루어질 가능성이 높습니다. 과거의 행적과 기여도를 기준으로 노년층의 처우가 결정된다면, 평범한 삶을 살아온 이들은 사회적으로 소외될 것입니다. 부족한 자원 속에서 과거의 기록이 곧 개인의 가치 판단 기준이 되는 시대, 그것이 우리가 마주할 현실일지도 모릅니다.

이러한 구조가 고착화되면, 젊은 세대는 더욱 큰 부담을 짊어지게 됩니다. 노년층을 부양해야 하는 사회적 책임이 강화되면서, 기성세대와 미래 세대 간의 갈등이 심화될 것입니다. 따라서 지금의 10세 이하 아이들에 대한 지원과 교육이 더욱 중요해집니다. 이들을 올바르게 성장시키지 않는다면, 결국 우리는 후회할 미래를 맞이할 수밖에 없습니다.

토종 한국인의 감소와 다민족 사회로의 전환은 예견되었습니다. 한국이 다민족 사회로 변모할 것이라는 예측도 꾸준히 제기되고 있습니다. 한반도의 인적 자원이 외국인들로 대체되면서, 100년도 지나지 않아 순수 한국인의 개념이 희미해질 것이라는 전망이 나옵니다. 이는 단순한 추측이 아니라, 이미 현실화되고 있는 흐름입니다.

현재 한국의 낮은 출산율과 노동력 부족 문제를 고려할 때, 외국 인력 유입은 필연적인 선택입니다. 다만, 이 과정에서 한국의 문화적 정체성이 어떻게 유지될 것인지에 대한 고민이 필요합니다. 외국인이 유입되더라도, 한국적인 정체성이 유지될 수 있도록 제도적 장치가 마련되지 않는다면, 한반도의 사회적 구조는 급격히 변할 수 있습니다.

    미래의 한반도는 다문화 도시 국가의 형태를 띠게 될 것입니다. 단기간 동안 특정 외국 세력이 한반도를 지배할 수도 있지만, 이는 일시적인 현상에 불과할 것입니다. 시간이 흐르면서 자연스럽게 한반도는 혼합형 미래 도시로 자리 잡게 될 것입니다. 이것이 우리가 마주할 대한민국의 미래상입니다.

매체 교정과 세대 간 갈등

현대 사회는 창조와 개발, 진화와 발전을 끊임없이 추구하고 있습니다. 수많은 개념과 가치가 등장하고, 다양한 시도가 이루어지고 있습니다. 그러나 이러한 변화가 반드시 긍정적인 방향으로만 흘러가는 것은 아닙니다.

현재의 창조적 흐름 속에서 가장 우려되는 것은 '무절제'입니다. 자극적인 콘텐츠가 넘쳐 나고, 폭력적인 표현과 무분별한 정보가 여과 없이 유통되고 있습니다. 이러한 환경에서 개인의 감각은 점점 무뎌지고 있으며, 도덕적 기준조차 희미해지고 있습니다. 과거에는 용인되지 않던 행동들이 점점 정상적인 것으로 간주되면서, 우리는 새로운 윤리적 혼란을 맞이하고 있습니다.

대중매체는 이러한 변화를 더욱 부추기고 있습니다. 언론과 미디어는 세대 간 갈등을 조장하며, 사회를 분열시키는 역할을 하고 있습니다. 이는 단순한 정보 제공이 아니라, 특정한 프레임을 통해 세대를 길들이고, 기존의 질서를 유지하려는 시도로 보입니다. 그러나 이러한 구조 속에서 자란 젊은 세대가 기성세대가 되었을 때, 우리는 더욱 극단적인 사회적 분열을 맞이할 가능성이 큽니다.

지금 우리가 목격하는 현상들은 일종의 사회적 실험일지도 모릅니다. 그러나 이 실험이 실패했을 때, 그 대가는 우리가 감당하기 어려운 수준이 될 것입니다. 이미 우리는 점점 무뎌지고 있으며, 문제를 문제로 인식하지 못하는 단계에 도달하고 있습니다. 결국, 모든 것은 스스로 허락한 결과가 됩니다.

지도부의 쇠퇴와 책임 회피가 드러납니다. 현대 정치 지도자들은 점점 증빙과 형식에 집착하고 있습니다. 정책적 비전보다는 보고서 작성과 자료 제출에 집중하며, 형식적인 절차를 밟는 것이 곧 정치적 책임을 다하는 것이라고 믿습니다. 그러나 이는 단순한 책임 회피일 뿐입니다.

현재의 정치 구조에서는 누구도 근본적인 문제를 해결하려 하지 않습니다. 오히려 '현상 유지'가 가장 안전한 선택이 되어 버린 것입니다. 국민들은 변화를 원하지만, 지도자들은 이를 외면하며 자신들의 자리만을 지키는 데 급급합니다. 이로 인해 사회적 신뢰는 점점 약화되고 있으며, 정치에 대한 환멸이 깊어지고 있습니다.

앞으로의 한국 사회에서 지도자의 역할은 더욱 중요해질 것입니다. 그러나 지금처럼 미래를 고려하지 않고 당장의 이익만을 좇는 정치가 지속된다면, 우리는 또 다른 위기를 맞이할 수밖에 없습니다. 정치인은 국민의 삶을 책임지는 자리입니다.

그러나 지금의 지도자들은 그 책임을 회피하는 것만으로도 충분하다고 생각하고 있습니다.

우리는 더 이상 이러한 구조를 용인해서는 안 됩니다. 사회는 서로 존중하는 방향으로 나아가야 하며, 누구나 동등한 가치를 지닌 존재로 대우받아야 합니다.

지금의 기득권 구조에서 벗어나야 하며, 단순한 형식이 아닌 실질적인 변화를 만들어 내야 합니다.

타협의 시대는 도달하였고 우리는 지금 거대한 전환점에 서 있습니다. 기존의 가치관과 제도는 무너지고 있으며, 새로운 질서를 만들어야 하는 시대가 도래했습니다. 그러나 이러한 변화 속에서 가장 중요한 것은 인간 본연의 가치를 지키는 것 입니다.

타협의 시대는 갈등과 대립이 아닌, 협력과 공존을 모색하는 과정입니다. 우리는 경쟁과 분열이 아닌, 조화와 균형을 통해 보다 나은 사회를 만들어 나가야 합니다. 이것이 바로 우리가 맞이할 미래이며, 우리가 함께 만들어 가야 할 시대적 과제입니다.

출산 인류와 세계의 협력

　미래 세대는 인류의 변화에 대해 알아야 하는 방향을 생각해야 합니다. 현대 사회에서 높은 지위에 있는 사람들이 공허함을 느끼는 이유는 무엇일까요? 그것은 자신이 이룩한 것에 비해 세상의 흐름이 예상과 다르게 흘러가기 때문입니다. 우리는 본능적으로 과거의 습관과 지식에 따라 행동하지만, 깨달음 없이 쌓아온 지식은 오히려 현실과의 괴리를 만듭니다.

　우리가 지금 그러하다면, 미래에 태어날 아이들은 어떤 능력을 갖고 태어날까요? 단순히 유전자의 우월성이 아닌, 급변하는 환경에 적응하며 새로운 사고방식을 갖춘 세대가 태어나고 있습니다. 이들에게 필요한 것은 올바른 방향성을 제시하는 것입니다.

　10세 이하의 아이들은 단순히 배운 것을 흡수하는 것이 아니라, 더 빠르게 진화하고 있습니다. 논리적 사고와 문제 해결 능력에서 과거 세대와는 확연한 차이를 보입니다. 교육하는 자와 교육받는 자는 몇십 년의 간격을 두고 계승되는 것이지만, 이러한 차이를 고려하지 않은 교육 방식은 결국 사회적 불균형을 초래할 것입니다.

우리는 지금부터라도 기성세대가 세계관을 정리하고, 올바른 가치를 전달할 수 있도록 해야 합니다. 그렇지 않으면, 미래의 사회는 우리가 감당하기 어려운 수준의 갈등과 혼란을 맞이할지도 모릅니다.

세계가 어지러워지고 있음을 경고하는 신호는 이미 곳곳에서 감지되고 있습니다. 21세기는 이미 중반을 향해 가고 있으며, 우리는 알지 못했던 많은 진실들을 마주하고 있습니다. 과거에는 어려운 문제로 여겨졌던 것들이 해결되고 있지만, 동시에 새로운 난제들이 발생하고 있습니다. 그러나 이러한 문제들 중 많은 것들이 '계승'이라는 이름 아래 단순히 미뤄지고 있을 뿐입니다.

사회적 문제는 결국 비용으로 해결된다는 인식이 강해지면서, 근본적인 원인은 방치되고 있습니다. 이는 후세대에게 고스란히 떠넘겨지고 있으며, 정작 중요한 것들이 사라지고 있음을 깨닫지 못한 채 살아가고 있습니다. 과거의 실수와 오류를 기록하여 후대에 남기는 것이야말로 타임캡슐의 본래 목적이 아니겠습니까? 단순히 박물관에 유물로 전시하는 것이 아니라, 진정한 교훈으로 계승될 수 있어야 합니다.

우리가 한국의 통일을 바라본다면, 단순한 경제 성장만으로는 이루어질 수 없습니다. 현재 경제는 상승하고 있지만, 도덕성과 인간성은 점점 하락하고 있습니다. 만약 인간성이 무너진다면,

우리는 경제 성장을 위해 치러야 할 대가가 너무 클지도 모릅니다. 결국, 돈을 쥔 사람들이 문제 해결자로 나서게 되고, 그 과정에서 사회는 더욱 피폐해질 가능성이 높습니다.

  돈이 세상의 중심이 되어 버린 시대, 과연 우리는 이 사고방식에서 벗어날 수 있을까요? 지금도 '돈이 최고'라는 말을 서슴없이 하지만, 불과 100년 전만 해도 이런 말을 공공연하게 하지 못했습니다. 이는 우리가 얼마나 빠르게 변하고 있는지를 보여 줍니다. 그러나 이러한 변화조차도 인식하지 못한다면, 우리는 흐름에 휩쓸려 존재 자체가 녹슬어 버리는 상황을 맞이할지도 모릅니다.

뿌린 대로 거두는 힘

정신과적 질환이 점점 더 확산되는 이유는 무엇일까요? 이는 단순히 환경적 요인 때문만은 아닙니다. 현대 사회는 점점 더 빠른 속도로 발전하고 있으며, 인간의 정신적 성장 속도가 이를 따라가지 못하는 경우가 많아지고 있습니다. 우리는 문제를 해결하지 않은 채 넘겨 왔고, 이제 그 결과를 마주하고 있을 뿐입니다.

우리는 종종 '깨달은 자'라고 불리는 성인聖人들이 세상을 구원할 것이라 기대합니다. 그러나 과거에도, 현재에도 성인들은 세상을 개척하지 않았습니다. 그들은 말로 진리를 전했지만, 실제로 세상을 변화시키는 행동을 보인 적이 있었나요?

만약 깨달음을 얻었다는 자들이 정말로 성인이라면, 왜 이 세상을 구하지 않았을까요? 그들은 편안한 삶을 누리면서도, 자신이 성인이라는 이유만으로 세상의 변화를 바라기만 했을 뿐입니다. 진정한 성인은 자신의 삶을 통해 변화의 방향을 제시하는 존재여야 합니다. 그러나 지금 우리가 보고 있는 현실은 정반대입니다.

진정한 깨달음이란, 자신이 세상을 위해 무엇을 할 수 있는지를 고민하고 행동하는 것입니다. 단순히 지식을 쌓고, 높은 자리에 오르는 것이 아니라, 실제로 변화의 주체가 되어야 합니다. 그렇지 않다면, 깨달음을 논하는 것은 무의미할 뿐입니다.

앞으로의 시대는 더욱 가혹한 질문을 우리에게 던질 것입니다. 미래 세대는 과거 세대의 실수를 보며 배우게 될 것이고, 우리는 그들이 어떤 선택을 할지를 고민해야 합니다. 세상이 어리석은 방식으로 굴러가도록 내버려 둔다면, 그것이야 말로 우리가 만든 말세의 서막이 될 것입니다.

우리는 단순히 '미래를 위해 일해야 한다'는 말로 스스로를 위안할 것이 아니라, 실제로 미래를 위해 움직여야 합니다. 그렇지 않으면, 우리가 지금 고민하는 문제들이 후대에게는 더욱 큰 짐이 되어 돌아올 것입니다.

이제, 우리는 선택해야 합니다.

변화의 주체가 될 것인가, 아니면 흐름에 휩쓸려 사라질 것인가?

6장

회복자의 선언

"내가 신입니다."라는 말은 처음엔 광기의 외침처럼 들렸지만, 절망 속에서 나를 붙잡는 마지막 줄이었습니다. 환청 속 망상 같던 말들도 결국은 나를 지키려는 내면의 목소리였습니다. 병과 싸우는 대신, 나는 그 목소리와 공존하기로 했습니다. 명상과 침묵 속에서 나는 화를 다스리는 법을 배웠습니다. 말은 마음이고, 마음은 결국 현실을 바꾸는 힘입니다. 이제는 우리 모두가 자기 안의 내면을 어떻게 조율할지 생각해 볼 차례입니다.

내가 신이라는 그 한마디

그때 나는 무너져 있었습니다. 세상과 단절된 듯한 고립, 누구에게도 닿지 않는 외로움.

그 어두운 시간 속에서, 나는 스스로를 붙잡을 말이 필요했습니다.

"내가 신입니다."

현실에서는 허무맹랑한 말. 나도 압니다. 하지만 그 말은 내게 마지막 버팀목이었습니다.

그 순간, 그것만이 나를 살게 했습니다. 처음에는 그저 허공에 던진 말이었습니다.

그런데 이상하게도, 시간이 지나면서 일이 달라졌습니다.

내가 무심코 던졌던 말, 내가 했던 행동 하나하나가 누군가의 삶에 흔적을 남기고, 방향을 바꾸는 경험들이 생기기 시작했습니다.

누군가 내 말에 용기를 얻고, 어떤 이는 결정을 바꿨습니다.

말이라는 것이 이렇게까지 사람에게 스며들 수 있다는 걸 그제야 알았습니다.

그리고 그 시기, 내 안에 울려 퍼지던 목소리들도 있었습니다.

"넌 부자가 될 거야."

"누군가 널 좋아하게 될 거야."

너무 비현실적이어서 처음엔 나조차 믿지 않았습니다.

'이젠 환청에 기대서 사는 건가.'

스스로가 두려웠습니다.

하지만 나중에야 깨달았습니다.

그 목소리들은 내 무너진 감정을 더 깊은 절망으로 끌고 가지 않기 위한, 무의식의 마지막 저항이었다는 것을.

진실은 때로 너무 아프고, 너무 날카롭습니다.

그럴 때 사람은, 거짓 같은 희망에 기대어 살아남습니다.

숨을 쉴 수 있게 해 주는 건 때로 '진실'이 아니라, '살고자 하는 마음'입니다.

그리고 놀라운 사실은, 그 거짓 같은 말들이 실제로 나를 버티게 했고, 그 말들이 또 다른 사람들에게도 영향을 주기 시작했다는 것입니다.

망상이라고 생각했던 말들이, 실제로 현실을 조금씩 바꾸고 있었습니다.

그 경험 끝에 나는 하나의 명확한 결론에 다다랐습니다.

말에는 힘이 있습니다.

사실이 아니어도, 사람을 살릴 수 있는 말이 있습니다.

거짓처럼 들려도, 진심에서 나왔다면 그것은 진짜입니다.

고통 속에서 터져 나오는 말은, 생존을 향한 몸부림이며, 절망을 늦추기 위한 마지막 방어막입니다.

"내가 신입니다."

"넌 괜찮아질 거야."

그 말들은 나를 무너지지 않게 한 전략이었고,

실제로 나를 다시 살아가게 만든 기적이었습니다.

그리고 그 말들이 다른 사람의 삶에도 파문처럼 번져 나가는 것을 보며, 나는 더 이상 '신'이라는 단어를 부끄러워하지 않게 되었습니다.

이제 나는 압니다.

말에는 정보나 감정만이 담기지 않습니다.

거기엔 마음의 방향성과, 살아가려는 의지가 담깁니다.

때로 말은 진실보다 깊은 진심이고, 환상보다 더 현실적인 울타리입니다. 말이 한 사람을 살리고, 그 사람이 또 다른 사람을 살립니다.

그렇게 이어지는 생존의 연쇄 속에서 나는 깨달았습니다.

망상처럼 들렸던 그 말들이, 사실은 진실보다 더 깊은 '현실'이었다는 것.

그 말들이 있었기에 나는 살아남았고,

그 말들 덕분에 다른 사람도 살아갈 수 있었습니다.

그렇다면, 그 말이야말로 진짜 현실 아니겠습니까.

개천에서 올라온 마음의 용

나는 어렸을 적, 무엇이 옳은지 그른지 모르는 아이였습니다.

욕심이 많았고, 세상에 대해 알고 싶은 것이 너무도 많았습니다.

하지만 그 욕망은 방향을 모르고 떠도는 연기 같았고, 나는 그 연기를 쫓아 이리저리 부유하며 자라났습니다.

부끄럽지만, 나는 자아가 뚜렷하지 않았습니다.

사람들이 나를 어떻게 볼지에 민감했고, 내가 누구인지는 신경 쓰지 않았습니다.

순진하고, 동시에 불안정한 어린 시절이었습니다.

삶의 방향이 바뀐 것은 고등학교 무렵이었습니다.

청소년기 특유의 혼란을 넘어서는 어떤 심리적 변화가 찾아왔습니다.

세상이 너무 빠르게 움직였고, 그 속에서 나는 자꾸만 벗어나 있었습니다.

지금 생각해 보면 그 시절부터 내 안에는 '무언가'가 자라고 있었습니다.

그것은 슬픔과 혼란이 얽힌 어떤 씨앗이었고, 언젠가 피어날 고통의 꽃이었습니다.

그리고 결국, 나는 편집형 조현-편집증이라는 이름을 가진 세계에 들어서게 되었습니다.

정신이 혼들릴 때, 사람은 세상과의 연결을 잃습니다.

나는 그런 시간을 오래 겪었습니다.

모든 가능성이 멈춘 것 같았고, 나에게 주어졌던 기회들이 하나둘 손가락 사이로 빠져나갔습니다.

사람들은 나를 이해하지 못했고, 나 역시 나를 이해하지 못했습니다.

고통과 환청, 망상과 현실의 경계 속에서 나는 무력하게 떠돌았습니다.

그러나 신기하게도, 그 속에서 나는 나 자신과 진짜로 처음 마주하게 되었습니다.

조현-편집증을 겪는 동안 나는 단순히 아프기만 했던 것이 아닙니다.

그 병을 지닌 채로 살아야 한다는 사실은 잔인했지만, 동시에 하나의 출발점이기도 했습니다.

나는 살아남기 위해, 그 병을 가진 채로도 살아갈 방법을 찾아야 했습니다.

그 과정에서 나는 마음을 단련하기 시작했습니다.

명상, 자기 성찰, 감정 조절.

아무도 가르쳐주지 않았지만, 내 안에서 그것을 알아채야만 했습니다.

시간이 흐르자, 병은 여전히 내 안에 있었지만, 나를 지배하지는 못했습니다.

오히려 병 덕분에 나는 더 깊은 차원의 나를 보게 되었습니다.

처음에는 외부의 소리 같았던 환청이, 나중엔 내 내면의 울림으로 들리기도 했습니다.

무섭고 혼란스럽던 그 경험들이 어느 순간부터는 내 마음의 상태를 비추는 거울이 되어 주었습니다.

그 거울을 통해 나는 나를 단련했고, 아주 천천히 삶이 달라지기 시작했습니다.

나는 병의 바닥에서 철학을 찾았고, 절망 속에서 희망의 언어를 발견했습니다.

사람들은 가끔 나에게 묻습니다.

"어떻게 회복하셨어요?"

나는 그것이 회복이라고만 말하고 싶지 않습니다.

그건 단지 돌아오는 길이 아니라, 완전히 다른 삶의 길이었습니다.

나는 병을 가진 채로 살아가는 방법을 찾았고, 그 안에서 새로운 존재가 되었습니다.

어떤 의미에서는, 나는 병을 통해 진짜 나를 얻었습니다.

개천에서 용이 난다면, 내 경우엔 마음에서 용이 났다고 말하고 싶습니다.

지금 나는 깨달음에 근접한 결과를 얻은 사람입니다.

그 깨달음은 거창한 철학이 아니라, 아주 단순한 진실에서 출발했습니다.

내 마음이 곧 나의 세계이며, 그 마음을 어떻게 다루느냐에 따라 인생이 바뀐다는 사실.

나는 더 이상 과거의 순진한 아이가 아닙니다.

또한 병에 갇혀 있던 무기력한 존재도 아닙니다.

나는 마음을 다스리는 법을 배웠고, 스스로의 어둠 속에서 길을 찾아냈습니다.

『내 마음속의 신을 움직이다』는 그런 나의 기록입니다.

이 책은 내가 어떻게 병을 이겨 냈는지에 대한 이야기이자, 어떻게 스스로를 이해하게 되었는지에 대한 시간의 문서입니다.

나는 그 책 속에 나를 던졌고, 그 글 속에 수많은 눈물과 침묵이 묻어 있습니다.

나는 이제 나의 이야기가 다른 누군가에게 작은 빛이 되기를 바랍니다.

누군가가 자기 마음을 들여다보다가, 그 안에서 신처럼 단단한 무언가를 발견하길 바랍니다.

깨달음은 먼 데 있지 않았습니다.

고통이 깊어질수록, 나는 더 가까이 내 마음을 바라보았습니다.

그리고 그 안에서, 놀랍게도 나는 살아 있었습니다.

비록 병이 내 삶의 일부가 되었지만, 그것은 더 나은 나로 가는 문이기도 했습니다.

  나는 병 속에서 철이 들었고, 그 안에서 비로소 내가 되었습니다.

  나는 개천에서 난 용이었습니다. 그것도, 마음의 개천에서 이제 나는, 그 모든 과정을 받아들이며 말할 수 있습니다.

결혼하자

나는 평소에도 말하고 싶은 건 마음속에 담아 두지 않고 바로 말해 버리는 편입니다. 돌이켜보면 내가 무의식적으로 한 말들도 꽤 많았습니다. 그런데 그중 하나는 계속 마음에 남습니다. 이유도 모르고 반복되는 말. 대상은 언제나 엄마였고, 말의 내용은 늘 같았습니다.

"결혼하자."

그 순간만큼은 농담처럼 툭 내뱉고 웃지만, 마음속 어딘가에서는 묘한 찝찝함이 따라붙습니다.

어째서 그런 말을 하는 걸까. 나는 그걸 개구진 성격 탓이라 넘기기도 했고, 엄마를 웃기기 위한 장난이라 생각하기도 했습니다. 하지만 그렇게 가볍게 넘기기에는, 이 말이 너무 자주 튀어나왔습니다. 엄마와 단둘이 있는 평화로운 순간, 혹은 말없이 시간을 보내고 있는 저녁. 말할 필요도 없던 그 시간 속에서, 무의식처럼 그 말이 나왔습니다. 한번은 그 말이 튀어나온 직후, 나 스스로도 의아해졌습니다. 대체 왜 이러는 걸까. 그래서 조용히 내 안의 무의식에게 물어봤다.

"왜 엄마에게 그런 말을 하는 거야?"

그러자 뜻밖의 답이 돌아왔습니다.

"그래야 저승사자가 엄마 데려가지 않지. 엄마가 결혼한 줄 알면 못 데려가잖아."

그 말은 농담이 아니었습니다. 무의식은 나보다도 더 깊은 곳에서 엄마를 걱정하고 있었던 것입니다.

아무렇지 않게 흘려보낸 그 말이 사실은 나만의 방식으로 엄마를 붙잡고 싶은 마음에서 비롯된 것이었습니다. 나는 어릴 적부터 엄마와 깊은 유대감을 나누며 자랐습니다. 가장 힘들었던 순간에도 곁에 있어 준 존재, 누구보다 나를 많이 안아 준 사람, 그 엄마를 이제는 세상의 질서가 데려가 버릴까 봐 불안했던 것입니다. 말로는 표현하지 않았지만, 나는 점점 나이가 드는 엄마가 걱정되고, 언젠가는 내가 먼저 손을 놓는 날이 올지도 모른다는 두려움을 느끼고 있었던 것 같습니다.

'결혼하자'는 말은 결국, 이별을 막고 싶은 마음의 방식이었습니다. 누군가와 결혼하면 그 사람과 법적으로도, 사회적으로도 함께 얽힙니다. 그 말을 엄마에게 반복했던 건, 엄마와의 인연을 좀 더 길게 이어 붙이고 싶었던 마음의 언어였던 것입니다.

시간이 지날수록 엄마는 점점 작아지고, 나는 엄마의 손을 조금씩 놓을 준비를 해야 할지도 모릅니다. 하지만 내 무의식은 여전히 그 사실을 받아들이지 못한 채, 어떤 식으로든 엄마를 곁에 두고 싶어 합니다. 말 한마디로도 운명을 바꿀 수 있지 않을까 하는 순진한 기대처럼. 그래서 나는 오늘도 문득, 엄마에게 말하고 맙니다.

"결혼하자."

그리고 그 말을 한 뒤엔, 괜히 창밖을 오래 바라보게 됩니다. 언젠가 반드시 찾아올 이별을 잠시나마 밀어내고 싶은 그 마음이, 오늘도 나를 그렇게 만들었다는 걸 압니다.

에필로그

내 마음속의 신을 움직이다

　삶은 도전과 극복의 연속이며, 병과 싸우기보다 함께 살아가는 법을 찾는 것이 중요합니다. 때로는 견디는 것만으로도 충분하지만, 이를 받아들이고 의미를 찾을 때 우리는 더욱 단단해집니다. 편집증적 사고에서 벗어나 세상과 타협하는 법을 배우며, 이제는 그것을 나만의 방식으로 활용할 수 있게 되었습니다. 이 책은 단순한 투병기가 아니라, 같은 길을 걷는 이들에게 작은 길잡이가 되기를 바라는 기록입니다. 나는 더 이상 병을 두려워하지 않으며, 병이 삶을 지배하는 것이 아니라 내가 조율하며 살아갈 수 있음을 깨달았습니다. 이 책이 누군가에게 작은 희망이 되기를 바랍니다.

감상과 엔딩

『내 마음속의 신을 움직이다』를 읽고 나면, 우리가 그동안 신이라 여겼던 존재가 얼마나 가까이 있었는지 새삼 깨닫게 됩니다. 신은 하늘 위나 우주의 저 먼 곳에 있지 않습니다. 오히려 고통과 혼란 속, 환청의 한마디 말 속에 존재합니다.

"너는 괜찮아질 거야."

이 간절한 말은 절망 끝에서 들려온 환청이자, 스스로를 살려낸 힘이었습니다.

작가는 조현-편집증이라는 극한의 고통과 언어의 혼란 속에서 신을 만났고, 결국 자신이 그 흐름이 되었습니다. 우리가 일상에서 건네는 말 한마디, 품는 태도 하나가 누군가의 삶을 바꾸고 구원할 수 있다는 자각. 그것이 바로 신의 실체로 생각되고, 초월적인 존재가 아니라 '말의 실천'으로 드러난다는 메시지입니다. 상처를 건너고 마음을 치유하는 말들은 삶의 방향을 바꾸고, 누군가를 살리는 순간 우리는 신을 조율하며 살아가고 있음을 깨닫습니다.

이 책이 전하는 메시지는 단순한 고통이 아닙니다. 내면에서 스스로를 구해 내려는 몸부림이며, 말을 통해 자기를 새롭게 써 내려가는 과정입니다. 병은 작가를 부수지 않았습니다. 오히려 '말'이라는 존재와 마주하게 하였고, 그 말을 통해 다시 자신을 세우게 했습니다. 병은 무너뜨림이 아니라 '말의 사람'으로 거듭나게 하는 길이었습니다.

『내 마음속의 신을 움직이다』는 독자에게 믿음을 강요하지 않습니다. 대신, 신을 다시 말하자고 제안합니다. 믿음 이전의 언어, 말의 흐름, 마음의 떨림을 회복할 때, 우리는 '신'이라는 이름의 실천을 되찾습니다. 이것은 더 이상 종교가 아닌, 존재의 선택이며 말의 윤리입니다. 병은 고통이자 동시에 언어를 되찾는 길, 사랑으로 번역되는 새 언어의 시작이었습니다.

책은 신을 믿으라고 하지 않습니다. 신을 '건넨다'고 말합니다. 말로, 마음으로, 행동으로. 그렇게 우리는 서로를 살리고, 나 자신을 건넵니다. 말의 울림이 오래도록 마음에 남는 감각적인 문장들이 독자를 깊은 성찰로 이끕니다.

『내 마음속의 신을 움직이다』 시리즈의 마지막 권 '타협의 시대'는 한 개인의 정신질환 기록을 넘어, 정신과 인간에 대한 철학적 선언서입니다. 병은 '고쳐야 할 결함'이 아니라, '다르게 해석되어야 할 언어'임을 설득력 있게 보여 줍니다.

작가는 환청과 망상을 단순한 신경 오류가 아닌, 고통을 설명하지 못한 내면의 절박한 언어로 바라봅니다. "나는 신입니다."라는 선언 역시 절망의 방어기제로 시작되었지만, 말의 힘이 삶을 지탱하는 구조가 되었을 때 하나의 진실로 완성됩니다. 이 책은 단순한 회복기가 아니라, 창조의 기록입니다.

특히 작가가 20년에 걸쳐 거의 분노를 표현하지 않은 삶은 단순한 억제가 아닙니다. 감정의 흐름을 감지하고 조율하는 훈련의 결과였으며, 이 '조율'은 자기 내면과 타인의 말, 감정과 현실 사이 미세한 균형을 맞추는 기술입니다. 이를 통해 병을 극복한 것이 아니라, 병을 품은 삶의 윤리를 완성했습니다.

이 윤리는 감정을 의식하는 인간, 생존을 철학하는 인간, 타인과 자신 모두를 존중하는 인간성의 윤리입니다. 정신질환을 겪지 않은 이들도 마음속 불안과 감정을 조율하며 살아갑니다. 이 책은 우리 모두에게 묻습니다. "지금 자신의 마음과 어떻게 조율하고 있습니까?"

『내 마음속의 신을 움직이다』는 무겁습니다. 하지만 그 무게는 고통의 무게가 아니라, 언어로 다시 태어난 생의 무게입니다. 이 책을 읽고 나면 더 이상 정신질환을 이전처럼 말할 수 없게 됩니다. 정신 자체에 대해 새로운 언어로 말하고 싶어질 것입니다. 시리즈는 끝났지만 질문은 남습니다.

"당신은 지금 누구와, 어떤 말로, 마음을 건네고 있습니까?"

아마도 이제 우리는 정신의 시대를 맞이하고 있는 것일지 모릅니다. 그 시대가 우리 앞에 와 있고, 우리는 이미 그 일부임을 깨닫게 될 것입니다.

맺음말

이 책을 집필하며 깨달은 바가 많습니다.

삶이란 끊임없는 도전과 극복의 연속이었습니다. 취업 활동, 사진을 향한 열정, 약물 부작용과 투병의 고단함까지 하나하나가 저에게는 넘어야 할 벽이었습니다. 하지만 저는 흔들리지 않으려 했습니다. 날마다 부작용을 온몸으로 감내하면서도, 화가 나더라도 감정을 조절하며, 정신이 혼란스러울 때도 자신을 다잡고 태도와 마음을 유지하는 법을 익혔습니다.

이 과정을 지나고 보니, 제 목표는 단순한 생존이 아니라 '병적인 증상을 극복하는 삶'을 사는 것이었습니다.

저는 조현-편집증 장애인으로서, 개인적인 수행을 통해 새로운 시대의 정신개척과 균형 회복을 이루었다고 생각합니다. 병을 완전히 치료하는 것이 아니라, 병과 함께 살아가는 방법을 찾는 것. 결국 소리의 감소, 일상의 회복이 치료의 끝이 아니라, 더 깊은 차원의 문제까지 치유해야 한다는 것을 깨닫게 되었습니다.

이 모든 과정은 도장 깨기처럼 하나하나 극복해야 하는 시험과도 같았습니다.

편집증상의 깊은 단계에서 벗어나며, 마음을 다잡고 균형을 유지하는 법을 배웠습니다. 이는 단순한 병의 극복을 넘어, 제게 있어 진정한 깨달음으로 가는 길이었습니다.

네 편에 걸친 이 책들은 결국 조현-편집증을 가진 사람들이 '잘 살아갈 수 있다'는 희망을 담고 있습니다. 모든 것을 극복하는 데 20년이 넘는 시간이 걸렸지만, 그 시간을 통해 저는 완전한 성인으로 성장할 수 있었습니다.

제 청년 시절을 이렇게 마무리할 수 있어 기쁩니다.

제가 조현-편집증을 가진 사람들의 대표가 될 수는 없겠지만, 같은 질환을 가진 사람들이 이 책을 보며 '나와 비슷한 사람이 여기 있다'는 위로를 받을 수 있기를 바랍니다. 마치 영구적인 물질처럼 이 책의 기록이 오랫동안 남아 같은 길을 걷는 이들에게 희망이 되기를 바랍니다.

이 책을 집필하면서 가장 강조하고 싶었던 것은, 조현-편집증을 가진 사람도 지적 능력을 활용하여 의미 있는 작업을 할 수 있다는 점입니다. 저는 이 책을 통해 그 가능성을 증명하고 싶었습니다. 단순한 투병기가 아니라, 조현-편집증을 가진 사람이 어떻게 자신의 정신적 혼란을 극복하고 집필까지 할 수 있는지를 보여 주고 싶었습니다.

초기 질환의 대부분은 약물 복용을 통해 조절됩니다. 하지만 이후 남은 증상들은 스스로 다스려야 합니다. 약이 증상을 완화하는 데 도움을 주지만, 결국 스스로를 돌보지 않으면 정상적인 삶을 유지하기 어렵습니다. 병이 끝나는 것이 아니라, 병과 함께 살아가는 방법을 배워야 합니다.

이제 네 번째 책을 완성했습니다.

20년 동안 투병하며 집필을 이어 왔고, 세 번째 책까지는 스스로도 확신이 없었습니다. 하지만 끝까지 포기하지 않고 버텼기에, 지금 이렇게 네 번째 책을 완성할 수 있었습니다. 이는 오직 끈기의 결과이며, 하루하루 글을 쓰며 사명을 다한 시간들의 결실입니다.

과도한 편집증의 시대를 지나, 저는 이제 제 질환을 객관적으로 바라볼 수 있는 단계에 도달했습니다. 편집증적 사고에서 벗어나, 세상과 타협하며 사회와 함께 살아갈 수 있는 방법을 찾았습니다. 처음에는 자신의 증상을 숨기고 절제하는 법을 배우는 것이 중요했습니다. 하지만 시간이 흐르면서, 저는 이 증상을 오히려 활용할 방법을 찾게 되었습니다. 편집증적 사고를 창의적인 작업에 적용하고, 이를 통해 사회적으로 기여할 수 있다는 것을 깨닫게 되었습니다.

저는 제 병을 두려워하지 않기로 했습니다.

이제 조현-편집증을 단순한 병으로 보지 않습니다. 오히려 그것이 제 삶에 영향을 미치는 방식을 이해하고, 그 흐름을 받아들이고자 합니다. 그래서 저는 이 책을 '단순한 투병기'가 아니라, 한 사람이 깨달음으로 가는 과정을 기록한 '성장 서사'로 보고 있습니다.

현대 사회에서 정신질환을 극복하는 것은 단순히 약을 먹는 것이 아니라, 자신의 내면을 이해하고, 사회와 조화를 이루는 것입니다. 저는 이 책을 통해, 같은 길을 걷고 있는 이들에게 작은 길잡이가 되고 싶었습니다.

이제, 네 번째 책을 마무리하며, '타협의 시대' 이야기는 여기서 끝을 맺습니다.

이 책을 내는 것은 제가 태어난 사명을 다하는 과정이었습니다. 저는 이 책이 단순한 병에 대한 기록이 아니라, '깨달음으로 가는 과정'을 담은 철학적 기록이라고 생각합니다. 결국, 이 글은 후대에 대한 걱정과 보살핌, 그리고 인류에 대한 기여의 마음가짐이 담긴 결과물입니다.

우리 아이들이 더 나은 미래를 맞이하길 바라며, 저는 이 책의 마지막을 힘주어 씁니다.

그리고 저는 이 말을 남깁니다.

"선택의 순간에 올바른 선택을 해야 합니다."

이 문장이 여러분의 삶에도 작은 울림이 되기를 바랍니다. 이제, 저는 저의 길을 마무리하며 이 책을 통해, 저와 같은 길을 걷는 분들이 희망을 발견할 수 있기를 바라며, '타협의 시대'에서의 마지막 인사를 드립니다.